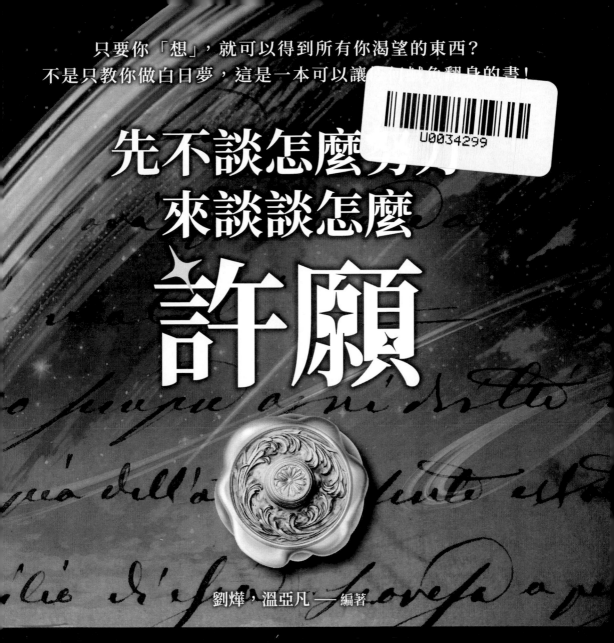

只要你「想」，就可以得到所有你渴望的東西？
不是只教你做白日夢，這是一本可以讓你鹹魚翻身的書！

先不談怎麼努力 來談談怎麼許願

劉燁，溫亞凡 —— 編著

《祕密》在全球暢銷 3,000 萬冊，
為何「成功」還是很難？
知道祕密不夠，還要運到你的人生才有救！

你的思想就是個磁鐵，他會吸引你思想中的所有的東西過來，你只要堅定意志力，知道你吸引的東西，
你在腦海中看見的，你將會在手中看見！即：thought 思想、become 變成、thing 東西
你要的東西，一直想，一直想，看著它們，然後就會成真！

目錄

目録

導言一

你一定未曾注意到，自宇宙誕生以來，就有一個鮮為人知的、偉大的祕密：

太空天體在它的作用下運行；

黑洞無窮的力量來自於它；

微觀學粒子在它的作用下飛速旋轉；

地球生命體的起源與它息息相關；

人類從古猿到現代人的逐步進化依靠它得以實現；

人們的生活願望——工作、升遷、健康、財富、快樂……在它的作用下變得易如反掌；

歷史偉人柏拉圖、莎士比亞、牛頓、雨果、貝多芬、林肯、愛默生、愛迪生、愛因斯坦等運用它而獲得了成功；

當代成功學大師朗達·拜恩、鮑伯·普克特（Bob Proctor）、約翰·阿薩拉夫（John Assaraf）、麥克·柏納德·貝奎斯（Michael Bernard Beckwith）、傑克·坎菲爾（Jack Canfield）等一致認為它能助人們成就一切；

……

大到地球宇宙，小到個人生活，這個祕密主宰著所有的一切。了解它，運用它，你就能掌握事物運行變化的規律，實現你的每一個願望：

你想從事什麼職業？你想擁有誰的真愛？你想住面積多大的公寓？你想開價值多少的名車？你想要數值多少的財產？……不管你的願望是什麼，有多大，這個祕密都能幫助你得到你想要的東西；做你想做的事情；成為你想成為的人，健康、財富、幸福，這一切都不是問題。

讀到這裡，你一定迫不及待的想知道，這個祕密到底是什麼？那麼現在告訴你，這個祕密就是——吸引力法則。

　　無論是宏觀的宇宙天體，還是微觀粒子學中的微小粒子，都處於一種吸引力之中。原子是構成物質的基本單位，其中心是原子核，原子核外面是飛速旋轉的電子。不管你是否相信，世界就是由這樣的漩渦構成的。

　　同樣，也可以這樣說，在你的世界中，你也是原子核，周圍的人、事物都是圍繞你旋轉的電子，你生命中發生的一切，都是你吸引來的。它們被你心中的思想、期望吸引而來，它們就是你所想、所希望得到的。不論你心中想什麼，你都會把它們吸引過來。因為你的每個思想都是真實存在的東西，就像原子核一樣，它有一種不可抗拒的力量。這就是吸引力法則的作用和力量。

　　吸引力法則理解起來也很容易。磁鐵有吸引和排斥的特點，理解這個法則也可以借用磁鐵的特性。假設自己是一塊磁鐵，思想也是具有磁性的。你腦海中的每個想法，都會產生一種電波，在磁鐵的作用下，它會發出磁性的訊號，將相似的東西吸引過來。

　　簡單來說，吸引力法則可以概括為：思想變成現實。比如，你腦海中一直有一個想法，或反覆思考一件事情：我已經擁有一輛轎車；我已經得到了所需要的金錢；我正在創建發展自己的公司；我已經找到了合適的人生伴侶……只要你在腦海中想像它們的樣子，最終，在一切吸引來的相關有利環境、條件、因素的幫助下，它們就會成為現實。

　　為什麼古巴比倫人能創造「巴比倫空中花園」這麼富貴華麗的經典？為什麼人類登月飛船的著陸時間能控制在幾分之一秒內？為什麼 1% 的人賺走了 96% 的錢？這一切絕非偶然。他們的祕密就在於他們頭腦中帶有磁性的思想，在於他們正確運用了這個法則。

　　所以，從現在開始，你最重要的工作就是持續地思考，思考你想要的東西和實現的願望。最終，你就會成為你心裡想得最多的那種人，你也會擁有你心裡想得最多的東西。如果你可以在頭腦裡看到它，你很快便會擁

有它。

關於吸引力法則，有一點不得不提：吸引力法則就像一面鏡子，它照出的是你腦海中的每一個想法，並透過現實的形式將它們反映出來，不管這個想法是積極的，還是消極的；是正面的，還是負面的；是你希望發生的，還是你不希望發生的。它只是以現實的形式回應你頭腦中的想法和願望。

因此，你想要吸引什麼樣的結果，全然取決於你的思想。或者說，現實中已經發生的好或壞的結果，都是之前你頭腦中的相應思想決定的。

如面對日益嚴峻的競爭形勢，你感到壓力很大，身心很緊張，心情總是好不起來。你頭腦中的這些訊號，就會轉變成你口頭不經意說出的話，「唉！為什麼工作這麼艱辛呢？」你這樣感慨，就是在強調自己工作不順心的糟糕狀況，將自己陷入一種外在言語和內在思想的惡性循環中，結果更糟糕的情況被吸引而來，你會面臨更多的煩惱。

當你看到自己想要的東西，並打從心底接受它，你就啟動了一個思想，吸引力法則就會響應這個思想；當你看到自己不想要的東西，並在心底拒絕它時，吸引力法則也會啟動一個你不想要這個東西的思想，也會將這個你不想要的東西吸引到你身邊來。

所以，任何時候都不要抱怨、不要悲觀、不要消極，都要以積極樂觀的心態去面對一切。在這種正面的、健康向上的思想影響下，吸引力法則會實現你的每一個願望。

他出生的時候，他的世界一片黑暗。

母親 15 歲時就生下了他，至今從未結過婚，這意味著他和他的兩個妹妹從一開始就沒有得到過公平的社會待遇。生父在他的一生中毫無意義，沒有為他的生活支付過一美分，他們甚至僅僅見過三次面。

在他的童年裡，除了母親的微笑，終日臭氣沖天的汗水，便是最深刻

的記憶。他家位於一個排汙管道經過的地方。排汙管經常爆裂，使他的家被整個城市的汙水完全淹沒。汙水退去後的惡臭也常在家中瀰漫數週之久，這使得他的兩個妹妹經常生病。

他的母親十分勤勞，但即使她一天工作18個小時，也無法維持這個家庭的正常開銷，他們經常因欠款而被停止水電供應，他生病的妹妹永遠無法得到應有的治療，他們一家要面臨的是最基本的生存危機。

母親的男友，也就是他實際意義上的養父，一生有一半的時間在監獄裡度過。為了維持這個近於崩潰的家庭，失業後的養父不顧一切地開始販毒，至今仍關押在監獄裡。有一次他去監獄探望，看到養父衣衫襤褸，他立刻脫下自己的鞋子交給他。光著腳回到家後，他做的第一件事就是抱著母親大哭一場。

更艱難的是，他是有色人種，住在黑人貧民窟。在這樣雜亂得令人難以忍受的環境中，到處充斥著謀殺、毒品、搶劫和種族歧視的字眼，墮落、憎惡、仇恨是那麼的「理所當然」。他也曾因種族鬥毆入獄四個月。

還有他的身體，更令人不可思議。他是那麼的矮小，對他所熱愛和追求的運動項目來說，沒有任何競爭優勢和先天條件。

然而，這一切，所有的這一切，在他看來都不是問題。

自從那個夏天，他靜靜地坐在籃球場邊看著高個子們的表演，他對自己矮小的身材感到無比沮喪時，他母親走過來，遞給他一雙鞋子，以一種不容反抗的口吻對他說：「你是個男子漢，不比任何人差，我希望我的兒子是最出色的，去做給我看。」

那雙鞋子是母親用半年積蓄換來的一雙喬丹籃球鞋。從那時起，他就有了一種自信和堅定的眼神，他從不抱怨，從不消極悲觀地混日子，從不停止對周圍生存環境的反抗，因為他知道，他要追逐他的夢想，他要一種全新的生活。他知道，他一定能成功。

在這種強烈意志的支配下，他不斷磨練著自己的身體思維。幾年後，他擁有了一副強壯的身體、無與倫比的速度，以及那種令對手膽戰心驚的必勝眼神。在大學裡，他擊敗了所有對手，打出了自己的風格和氣勢。

之後，他來到了籃球的最高殿堂——NBA。即使滿載榮譽而來，他還是遭受質疑：你永遠無法主宰這裡。對此，他不為所動，依然堅信。

他的堅定、對勝利的渴望，以及對總冠軍的執著追求，逐漸感染了身邊的隊友，他們竭盡全力幫他實現夢想。因為這時的他，已經被人稱為飛人的接班人，他必須用總冠軍的戒指，來證明自己的價值。

雖然在最後的冠軍爭奪中，他和他的隊友們被洛杉磯的黃色浪潮淹沒，但他並沒有失敗。後來他的媽媽告訴他，當她看到自己的兒子孤身一人對抗那個王朝時，她為他感到驕傲。而他的堅持、他的努力、他的信念，也為他贏得了所有人由衷的尊敬。飛人喬丹說：「以他的身材，人們認為很多事情他做不到，但他卻用行動證明人們錯了，他是個偉大的球員，誰也否認不了。」喬丹之後，最具統治力的球員歐尼爾（Shaquille Rashaun O'Neal）說：「他就像一個小號版本的我——勇往直前，所向披靡，而且從不抱怨。」他也總是這樣告誡自己：「無論如何都不要放棄，不要抱怨，一定要相信你的夢想是可以實現的，且努力為它奮鬥。」他真的做到了這一切。

他，這個當年的窮小子，就是身高 183 公分的 NBA 最優秀後衛之一——艾倫‧艾佛森（Allen Ezail Iverson）。行為源於意識，創造源於思想，如果你抱怨，你就會將與之相關的一切不利因素吸引到身邊，最終導致更壞的結果；如果你感激、對未來保持積極樂觀的態度，你就會將一切有利的因素吸引到身邊，最終實現自己的每一個願望。這正是祕密的關鍵所在。

導言一

導言二

　　也許你很難相信，吸引力法則怎麼會有如此神奇的力量，以至於能實現人生的每一個願望。然而這就是事實，這個祕密的偉大之處也正在於此。

　　為了更好理解和運用吸引力法則這個偉大的祕密，以下特別進行更進一步的論述。

（1）為什麼要運用這個祕密

　　首先不妨做個測試：觀察你周圍的人，那些積極樂觀、總是以正面心態去看待問題的人，與那些消極悲觀、總是以負面心態去看待問題的人，這兩者的精神面貌、生活狀態、理想目標的實現有什麼不同？有多大不同？

　　結果你會發現，前者總給人這樣的感覺：他們輕鬆、快樂、幸福地生活著，他們只需要用眼睛去了解事物，用思想去感知生活，他們的願望便會自然而然地達成。而後者，總是被別人無意識地視為消極、悲觀、失望、自卑，甚至失敗的代名詞，在他們自己看來，一切負面的不利因素都是正常、完全可以接受的，因為他們早已習以為常，事實也往往正如他們所料。

　　為什麼兩者會有這麼大的差別呢？這就是吸引力造成的，更確切地說，是由吸引力法則中的「思想產生作用」的結果。

　　思想就是意識，你一定要明白，意識對你認知世界、改造世界的重要性。

　　哲學上有「物質決定意識，意識反作用於物質」的說法，近代英國主教、哲學家柏克萊（George Berkeley）也有「存在就是被感知」的著名理論，這都是在強調意識的作用。現以「存在就是被感知」理論為基礎，舉個具體的例子。

　　首先，要證明一個事物存在，是根據什麼來做出判斷的呢？比如你手上有本書，你說，你看到了一本灰白色的書，因此這本書存在。但如果作進一步思考，只不過是有一些灰白色出現在你的視網膜中，你在夢中也可以看見灰白色的書，但夢中的書是不存在的，所以，你說你看見了，是不能證明這個東西存在的。

　　到這裡，你可能又會說，我不僅看到了，而且還用手摸到了，這本書紙張很平滑，甚至感覺有點涼。但仍可作進一步的思考，你只是感覺到平滑、涼意，以現在的科學技術，完全可以用儀器刺激你的大腦或皮膚神經，讓你產生這兩種感覺，而並不需要這本書的出現。

　　說到最後，就是這個理論得出的感覺主義唯心論：人們所說的物質，不過是人們感官經驗的綜合，感官經驗都是意識的，物質實際上就是意識的產物。這個例子屬於唯心論，它認為意識在物質世界中具有決定性的作用。

　　另外，與唯心論對立的唯物論也對意識進行了充分的肯定，強調了意識的主觀能動性。這是眾所周知的。

　　請注意，這裡的論述與唯物還是唯心立場無任何關係，其目的只是透過截然對立的它們，在意識作用的看法上，保持很大程度的一致性，來說明思想意識對激發你認知和改造世界潛能的重要性。

　　這種一致性，其實就是思想的力量，它正是吸引力法則所強調的。

　　思想因外部事物或你想像中的事物而產生，它也可以反過來影響事物，即你和你的物質世界都是非物質世界的擴張，都是你非物質世界的創造。所以，你必須了解到，你的思想就好像一塊磁鐵，它會吸引相關的思想、吸引相關的人、吸引相關的事物、吸引相關的生活方式，最終產生相關的結果。

　　昨天，一位孕婦來到診所，說她這幾天心神不寧、煩躁不安，精神狀

態也不太好。她看起來的確有點糟糕。和往常一樣，我先詢問了病人的一些基本情況。

「身體有哪裡不舒服嗎？」「沒有，感覺都很好。」「最近發生過不愉快的事情嗎？」「沒有，沒發生什麼特別的事。」「晚上睡覺失眠嗎？」「沒有。」「飲食正常嗎？」「滿正常的。」

沒發現問題。接著，我簡單為她做了全身檢查，依然沒發現異樣。我有點苦惱，看得出來，她應該是存在某些問題的。

我又問她：「睡覺會做噩夢嗎？」「常常做夢，大多是與孩子有關的，但不做噩夢。」還是正常。「真的沒做過嗎？妳仔細想想。」我需要時間冷靜一下，到底問題出在哪裡，所以下意識追問了一句。她開始低下頭去回想。

大概一分鐘後，她抬起頭，十分肯定地對我說：「沒有！」此時，我似乎已沒有什麼好辦法了。外面還有人在排隊就診，我只好對她說，妳的身體沒有任何問題，建議到專門的心理診所去看看。她悻悻地走了。

沒想到的是，第二天她又來了，進來就跟我說：「我昨天做噩夢了！」

聽到她這麼說，我便肯定，一定是她心理出了問題。後來，我又格外詳細地詢問了她最近的生活情況，終於發現，原來她先生將要在她預產期的那段時間出差一個月，她表面上支持，心裡卻不太樂意。

這是一位醫生的手記，它充分證明了思想的吸引力對人產生的巨大作用。孕婦一開始並不做噩夢，但在醫生的詢問下，她的腦海中出現了噩夢這個詞語，且醫生又暗示自己的狀況可能與噩夢、心理有關，於是當天晚上，她真的做噩夢了。這就是思想意識對人類物質世界的影響。

關於論證吸引力的例子，以上心理醫學的實例是最常見、最立竿見影，也是最容易理解的。運用吸引力法則的關鍵，就是把這個祕密運用到其他方面：你擔心自己有病，結果真的生病了；同樣，你擔心自己沒工作，

結果真的一直處於失業狀態；你擔心找不到合適的伴侶，結果真的一直單身；你擔心買不起車，結果真的天天擠公車……這是消極面的例證。積極面也是同樣的道理：你希望自己快樂，結果真的每天心情都不錯；你希望有間自己的房子，結果真的告別了租房生活；你希望自己富有，結果真的獲得了令自己滿意的財富……這就是思想在你創造物質世界過程中的作用，也正是為何要運用這個祕密的根本原因。

（2）如何真正擁有這個祕密

前面的論述一直在強調思想的力量，強調思想對結果的決定性影響：正面的思想會得到正面的結果，負面的思想會得到負面的結果。

也許看到這裡，你會有這樣的疑問：難道我成天待在屋子裡想，想工作、想汽車、想成千上萬的財富，結果就真能想來這一切嗎？

這當然是不可能的，吸引力法則的要旨在於改變你思想的方式、改變你思考問題的方式，並在此基礎上，引導你的行為，將一切與之相關的有利因素和條件，不自覺地吸引過來，從而激發足以獲得任何成功的潛能，實現你的任何願望。

是的，吸引力法則要你做的，不僅是滿懷希望地思考，或是在腦海中不停的想像，始終執著於自己的願望和理想，更重要的是，要讓你的思想、情感處於一種最佳的狀態，只要你在這種情感狀態下看待問題，你就接近於成功了。

不得不承認，生活中大多數人的情感，都處於被動的狀態，除非出現極少數的突然性大變動，他們都會以「預設方式」吸引自己的生活，積極的時候就吸引積極的，消極的時候就吸引消極的，完全任其自由。這樣的人，即使他們意識到吸引力法則中的吸引力作用，也不可能真正擁有這個祕密，去獲得更大的成功。

古代有「望梅止渴」、「畫餅充饑」的典故。故事中，事實上並不存在的「梅」、「餅」，解除了口渴和飢餓感，這就是情感的一種導向作用：情感上想到的「梅」、「餅」，使意識上的飢渴感消除了。這種積極的導向作用，就帶給人正面的結果。與之相反的「談虎色變」、「聞風喪膽」，則將人的情感導向反面，給人帶來不利的影響。

情感不外乎兩種：有利和不利。有利的情感吸引有利的東西，讓人感覺良好，平靜、舒暢、快樂、希望……等；不利的情感吸引不利的東西，讓人感覺很糟，憤怒、沮喪、悲傷、失望……等。所以，你應該掌控你的情感，讓它處於對自己有利的一面，而不要讓它繼續保持默認的無人駕駛被動狀態。

其實，生活中面對任何問題時，讓情感始終不自覺地處於正面有利的狀態，是一個很簡單的習慣，就是將不好的感覺轉向好的感覺。如果你現在感覺良好，那就對了，保持下去，不久你定會有所收穫，因為你正擁有著這個祕密。

（3）這個祕密給你的回饋

想像、心態之類的字眼，總給人漫無邊際、無足輕重的感覺，即使現在你已經明瞭為什麼要運用這個祕密，以及如何真正擁有這個祕密，你還是急於想知道，這個祕密究竟能帶給我什麼好處。

有句勵志名言大意是這樣的：你現在的生活是由三年前決定的，而你現在的所作所為，正決定著三年以後的生活。關於吸引力法則，也可以這樣說，你現在的經歷是由過去三年的思想方式塑造的，而你現在的思想方式，正塑造著三年以後的經歷。

因為根據吸引力法則，你的思想和情感所關注的東西，就是將會吸引到你生活中的東西，不管這個東西是不是你想要的。你的思想越積極正

面，你的感覺越良好，你就越會走在與理想目標一致的路線上；你的思想越消極負面，你的感覺越糟糕，你就越會偏離理想目標的正確軌道。這就是這個祕密給你的回饋。

這看起來仍然有點籠統，下面就說得更具體一點。

著名的「墨菲定律」認為：事情如果有變壞的可能，不管這種可能性有多小，它總會發生。比如你口袋裡有兩把鑰匙，一把是房間的，一把是汽車的。如果你現在想拿出車鑰匙，會發生什麼？結果，你往往拿出的是房間鑰匙。

「墨菲定律」是一種典型的悲觀主義。是的，如果事情有變壞的可能，你可以為這些壞的可能做些準備，但不能說這些壞的就一定會出現。為什麼在事情還沒有發生時，就要設定悲觀的走向呢？悲觀是不好的，是人們不希望出現的，那為什麼還要悲觀呢？

生活中常有這樣的感嘆：「唉！前面交通堵塞，上班肯定會遲到」、「這個電影剛剛上映，票肯定賣完了」、「這個客戶如此挑剔，肯定無法達成協議」……結果呢？這些真被他們的想法吸引來了。他們會很得意，「看吧！我就說吧……」但這又有什麼意義呢？你是料到了，但你要知道，你正陶醉在自己創造的悲劇中，你已經習慣了這種思維方式，已經習慣接受這種悲劇的結果。

這種消極吸引力產生的悲劇後果，正是吸引力法則所要剔除的，因為你要得到的是積極吸引力產生的正面結果。就像早上剛起床，你的另一半打來一通問候的電話，你很開心，接下來，你會產生連鎖反應，整天心情都很好，你會吸引更多的東西，來增加你這種幸福的感覺。

同樣，如果你以一種樂觀的心態去看待問題，結果也都會是積極的。「前面交通堵塞，很快就會暢通的」、「這個電影剛剛上映，電影院對場次、票數肯定會有周到的安排」、「這個客戶如此挑剔，他肯定難以找到比

我們更好的，因為我們就是最好的」……結果呢？你的這種積極心態，吸引了其他因素，幫助你做到了這一切，你提前到達公司，你看到了完整的電影，你和那個客戶達成了共識，完成了交易。

總之，你生活中的一切都是你吸引來的，壞的結果是你壞的思想吸引來的；好的結果是你好的思想吸引來的。

這時，有些人會說，我怎麼可能去吸引疾病呢？還有那傷透腦筋的債務，我更不可能去吸引那次驚心動魄的意外事故。

雖然你很難相信，但這仍然沒什麼分別：是的，是你吸引了它們！要知道，理想目標的達成，都是一個累積的過程，都是由小變大逐步實現的。疾病、債務、意外事故之類的大問題，也只是若干小問題的擴大化。如果你相信這點，你就真正領悟到了這個祕密的偉大之處。

導言二

卷一　祕密的發現

　　每個人都有自己的祕密，深藏心底，或與極少數親密的人分享。電影《花樣年華》的結尾，梁朝偉把屬於自己的祕密，說給吳哥窟旁的樹洞，然後以草封掩，讓祕密永遠成為祕密。

　　這裡所要論述的，不是繼續保存祕密，而是揭露祕密。揭露一個屬於每個人、能助所有人無往不勝，且已被歷史偉人證明、和正由當代傑出人士證明的，堪稱空前絕後的驚世大祕密。

宇宙的祕密

　　世上所有人都在一種「無窮力量」的控制下運行，同時也被這種法則引導著。人類透過對這個宇宙中最精確的法則的運用，成功地建造出了太空船，並分秒不差地掌握了登月時間，實現了長久以來的太空夢想。

── 鮑伯·普克特

（哲學家、作家、成功學家）

　　人類賴以生存的地球，年復一年地圍繞太陽公轉。太陽以它巨大的引力，支配著太陽系中的每個成員。從某種程度上來說，類似太陽的這種引力，是浩瀚無比的宇宙、星系的最主要特徵。

　　根據大爆炸理論，大約在 150 億年前，宇宙的所有物質都高度集中於一點，有著極高的溫度，因而發生了巨大的爆炸。之後，大爆炸產生的碎片和散漫物質，經過漫長時間的凝集，大約在 46 億年前形成了太陽系，身為太陽系一員的地球，也是在這個時期形成的。

　　太陽系以太陽為中心，它是包括太陽在內，所有受到太陽引力約束的天體的集合體，主要包括水星、金星、地球、火星、木星、土星、天王星、海王星等 8 顆行星，至少 165 顆已知衛星，3 顆已經辨認的矮行星（冥王星與其衛星），以及數以億計的太陽系小天體。在太陽引力的作用下，這些天體都按照特定的軌道，周而復始地運行著。

　　太陽系是宇宙大爆炸的產物。宇宙大爆炸後的膨脹過程，是一種引力和斥力之爭。爆炸產生的動力是一種斥力，它使宇宙中的天體不斷遠離；天體間又存在萬有引力，它會阻止天體遠離，甚至力圖使其互相靠近。所以，與太陽系一樣，銀河系中類似太陽的數量，超過 1,000 億顆的其他恆星，都是在自身引力的長時間作用下，形成的穩定星系。同樣，與銀河系並列的銀河外星系的形成，也離不開引力的作用。

太空星系的形成離不開引力，其存在更離不開引力。

資料顯示，現今的宇宙處於膨脹狀態。早在 1912 年，美國天文學家斯萊弗（Vesto Melvin Slipher）就開始研究星系的視向運動狀況。他在 13 年中，一共測得 40 個星系的視向速度，並發現其中 38 個星系都在遠離地球而去，即絕大多數星系都表現出這種「退行」運動。

後人的研究進一步證實了這個普遍現象。1929 年，哈伯（Edwin Powell Hubble）仔細分析了已知距離的 24 個星系的退行速度後，得出一個驚人的結論：星系的退行速度與距離成正比，並據此提出了著名的哈伯定律。

根據宇宙學原理，只要星系的視向速度與距離成正比，那麼，不僅在銀河系位置上可以看到這個現象，在其他星系位置上，也會觀測到同樣現象，只是同一星系在不同位置觀測者看來，會有不同的視向退行速度。從而得出一個重要結論：銀河系在宇宙中，絲毫不具有特殊地位，銀河系並不是宇宙的中心；其次，從地球觀測到的星系視向速度與距離成正比這個事實，不僅說明銀河外星系與銀河系之間的距離在不斷擴大，且說明任意兩個星系之間的距離也在不斷加大。由此得出一個重要推論：整個物質宇宙在不斷膨脹。

就像不斷膨脹增大的氣球，隨著體積的逐漸增大，氣球表面上兩個點之間的距離也會隨之增大。在宇宙膨脹的大環境中，彼此相互退行的太空星系，要保持自身的完整和存在，必須依靠引力，繼續維繫屬於自己的天體。其中，尤其是要與引力場極強的太空黑洞鬥爭。黑洞是愛因斯坦廣義相對論預言的一種特別緻密的暗天體。巨大質量恆星在其演化末期發生坍塌，其物質特別緻密，有一個稱為「視界」的封閉邊界，黑洞中隱匿著巨大的引力場，以至於包括光在內的任何物質，都只能進去而無法逃脫。

愛因斯坦的學說認為，質量使時空彎曲。如果將時空比作一張巨大、

繃緊了的體操彈簧床，在彈簧床床面上放一塊大石頭：石頭的重量使繃緊的床面稍微下沉了一些，雖然彈簧床面基本上是平整的，但其中央仍稍有下凹。如果在彈簧床中央放置更多的石塊，則床面會下沉得更多，彈簧床面彎曲得更厲害。

同樣的道理，宇宙中的巨大質量物體，會使宇宙結構發生畸變。正如10塊石頭比1塊石頭更能讓彈簧床面彎曲一樣，質量比太陽大得多的天體，比等於或小於太陽質量的天體，使空間彎曲得更加厲害。

如果讓一個網球在平坦的床面上滾動，它將沿直線前進。反之，如果它經過一個下凹的地方，路徑則會呈弧形。同理，天體穿行時空的平坦區域時，會繼續沿直線前進；而那些穿越彎曲區域的天體，則會沿彎曲的軌跡前進。

由此來看，黑洞對其周圍時空的影響就很明顯了。設想，在彈簧床面上放置一塊質量非常大的石頭，代表密度極大的黑洞。自然，石頭將大大地影響床面，不僅會使其表面彎曲下陷，還可能使床面發生斷裂。類似的情形同樣可以在宇宙出現，若宇宙中存在黑洞，則該處的宇宙結構將被撕裂。這種時空結構的破裂，叫做時空的奇異性或奇點。

那麼，為什麼任何物質都不能從黑洞逃逸出去呢？正如一個滾過彈簧床面的網球，會掉進大石頭形成的深洞一樣，一個經過黑洞的物體，也會被其引力陷阱所捕獲。如果要挽救這類運氣不佳的物體，則需要比黑洞更大的能量、更大的引力場。

宇宙中的恆星是數以億計的，而黑洞又是巨大質量恆星塌縮後的產物，所以它的數量也是難以估量的。對地球而言，以第二宇宙速度（11.2km/s）飛行即可離開地球，但對黑洞來說，其第二宇宙速度之大，竟超越了地球上最快的光速，所以連光都跑不出來，於是射進去的光沒有反射回來，人們看到的只是黑色一片。黑洞這種巨大的引力場，引起了人們

對太空的廣泛興趣。當然，身為地球人，更多的是一種對潛在太空生存危機的驚恐感、責任感和使命感。

根據牛頓萬有引力定律，太空中的每個天體，都有自己的引力，地球也不例外。太陽引力使地球圍繞太陽轉，地球引力使月亮圍繞地球轉。所以，可以這麼說，地球上的每個人都生活在引力之中，都生活在吸引與被吸引之中。

生命的祕密

地球早期，物表含有大量的還原性原始大氣圈，如甲烷、氨氣、水、氫氣，還有原始的海洋，這些物質在早期地球閃電的作用下，聚合成多種胺基酸。這類胺基酸在常溫常壓下，又可能繼續局部濃縮，進一步演化成蛋白質和其他多糖類、高分子脂類，最終在一定時候孕育成生命。

—— 米勒 Stanley Lloyd Miller

（著名學者，生命起源之父）

生命最初是如何起源的？人類又是如何誕生的？這其中究竟蘊含著怎樣的祕密？身為萬物的靈長，人類總是在不停地思索這些問題……

關於生命起源，歷史上有許多臆測和假說，其中，化學起源說是被廣大學者普遍接受的一種觀點。

現代科學對構成物質的微觀粒子有十分深入的研究，在此，只作一些粗略淺顯的介紹。

1930 年代之前，原子學說被認為是有關物質的終極學說，世界上的一切有形物體，都是由這些細微到無法被分解、被破壞的微粒構成的。原子是無法繼續分解的最小粒子，但並不是構成物質的最小單位。比原子更小的單位是電子和質子，飛速旋轉的帶負電電子和帶正電質子環繞，形成了

原子。質子的大小只有原子的十萬分之一，電子的質量也只是質子的兩千分之一，然而，它們的飛速旋轉卻是一切能量的泉源。

原子中心是原子核（質子和中子），原子核外面是高速運轉的電子層，不論你是否相信，擺在你面前的書籍、電腦、桌子、椅子，你的手、身體，乃至整個世界，都是由這些無限微觀而又真實存在的漩渦構成的。

那麼，這些微小的漩渦，又是如何形成最初的有機生命呢？依據美國學者米勒的實驗研究，這主要是因為一種聚合作用。

生命的起源與演化，和宇宙的起源與演化密切相關。生命的構成元素如碳、氫、氧、氮、磷、硫等，均來自銀河系大爆炸後元素的演化。資料顯示，前生物階段的化學演化並不局限於地球，宇宙空間中廣泛存在著化學演化的產物。在星際演化中，某些生物單分子，如胺基酸、嘌呤、嘧啶等，可能形成於星際塵埃或凝聚的星雲中，接著在行星表面的一定條件下，產生了多肽、多聚核苷酸等生物高分子。

38 億年前，地球上便形成了穩定的陸塊，各種證據顯示，當時液態的水全是熱的，甚至是沸騰的。化學起源說認為，地球上的生命是在地球溫度逐步下降以後，在極其漫長的時間內，由非生命物質，即那些具備孕育生命潛力的元素，經過極其複雜的化學過程，一步一步演化、聚合而成的。

地球早期，物表含有大量的還原性原始大氣層，如甲烷、氨氣、水、氫氣，還有原始的海洋，這些物質在早期地球閃電的作用下，聚合成多種胺基酸。這多種胺基酸在常溫常壓下，又可能繼續局部濃縮，進一步演化成蛋白質和其他多糖類、高分子脂類，最終在一定時候孕育成生命。這就是化學起源學說的代表人物 —— 米勒，所描述的生命進化的過程。

生命體的誕生使人類的誕生成為可能。

莎士比亞說：「人類是一件多麼了不起的傑作！多麼高貴的理性！多

麼偉大的力量！多麼優美的儀表！多麼文雅的舉動！在行為上多麼像一個天使！在智慧上多麼像一個天神！宇宙的精華！萬物的靈長！」

人類是由動物界分化出來的，在分類學上，人屬於脊椎動物亞門、哺乳綱、靈長目、類人猿亞目、人科。大約 450 萬年前，人和猿開始分化，產生希瓦猿人，再由希瓦猿人演化成 200 萬年前的南方古猿，進一步再發展為現代人類。

關於人類的發展過程，一般可劃分為四個階段：

（1）早期猿人階段。大約生存於 300 萬年～ 150 萬年前。已具備人類基本特點，能直立行走，製造簡單的礫石工具。

（2）晚期猿人階段。大約距今 200 萬年～ 30 萬年前。身體像人，腦容量較大，可以製造較進步的舊石器，並開始使用火，如北京周口店的北京猿人。

（3）早期智人（古人）階段。距今 10 ～ 20 萬年至 5 萬年前。逐漸脫離猿的特徵，和現代人很接近，已知道利用獸皮做粗陋的衣服，並學會人工取火，如德國的尼安德塔人。

（4）晚期智人（新人）階段。大約 4 ～ 5 萬年前。這時人類的進化出現了明顯的加速，在形態上已非常像現代人；在文化上，已有雕刻與繪畫藝術，並出現裝飾物，如 1933 年發現的周口店龍骨山山頂洞人。此時原始宗教已經產生，已進入母系社會。在晚期智人階段，現代人開始分化和形成，並分布到世界各地。

從上述人類進化過程可以看出，勞動在其中扮演著重要的角色。正如恩格斯所說：「勞動創造人。」他在 1876 年所寫的《勞動在從猿到人轉變過程中的作用》中，明確提出、並全面論證了勞動創造人的原理。他指出：勞動是整個人類生活的第一個基本條件，而且達到這樣的程度，以致我們在某種意義上不得不說：勞動創造了人本身。

那麼，人類在形成之前，身為人類祖先的古猿，為什麼需要勞動呢？僅僅是為了最終進化成人類嗎？顯然不是。

古猿最早是棲息生活在森林中的，後來由於氣候變遷和森林驟降等不利因素，牠們才逐漸改變生存方式，過渡到專門用後肢支撐身體的直立行走階段。直立行走無疑加速了牠們的進化過程。為了提高生存能力，牠們不自覺地開始使用得到解放的前肢，進行一些獲取生活資源的動物式本能活動。之後，牠們又逐漸學會打造石器，捕獵、編製樹葉、獸皮衣物，建造房屋，鑽木取火……等，直至最後懂得製造裝飾物，形成一定的雕刻與繪畫藝術，真正進化成晚期智人。

可以說，從古猿人到現代人的每一個進化過程的實現，都是因為牠們在極端原始、落後、惡劣的自然環境下，有本能的生存欲望、有強烈的生存意願，牠們渴望在一切不利的艱難環境中生存、且能生存地更好。最終，在這種強烈意念的支配下，依靠勞動，牠們實現了這一切。

人生的祕密

憂愁、顧慮、悲觀，會使人生病；積極、愉快，堅強的意志，樂觀的情緒，有助於戰勝疾病，有利於人的健康和長壽。一切和諧與平衡、健康與健美、成功與幸福，都是由樂觀與希望的向上心理產生與造成的。

—— 華盛頓

每個人都是一本書，這本書都完整記錄著各自的人生經歷。如果將出生視為書的開頭，那麼現在的你應該怎樣做，才能使這本書的將來，有一個完美結局呢？

人一生追求的不外乎三種東西：健康、財富和幸福。但具體要以什麼態度去對待，採取什麼方式去追求，以及最後的結果如何，就千差萬別

了。在美國，盒裝巧克力通常有十二塊或二十四塊，每塊都有不同的包裝、口味、形狀和顏色，外面沒有味道標示，只能拆開品嘗之後，才能知道個中滋味。所以電影《阿甘正傳》（Forrest Gump）中就有這句臺詞：「人生就像一盒巧克力，你永遠不知道下一塊是什麼滋味。」

其實，未來的事情，人們所盼望的、期待的事情，並非像盒子裡的巧克力一樣難以預料。比爾蓋茲輟學成就全球首富；史蒂芬‧霍金以殘軀著成《時間簡史》（A Brief History of Time: from the Big Bang to Black Holes），艾倫‧艾佛森以矮身高成為NBA後衛的精靈……有時候你不得不承認，對某些人來說，未來是如此簡單，就像捏在手中的泥人，隨便把玩；但對另外一些人來說，即使獲得升遷，擁有屬於自己的房子，開著私家車去旅遊等極普通的願望，也很難實現，以至於他們發出「人生像巧克力」一樣的感慨。這究竟是為什麼呢？

猶太裔心理學家弗蘭克在二戰期間，曾被關進奧斯威辛集中營三年，身心遭受極度摧殘，境遇極其悲慘。他的家人幾乎全部死於非命，他自己也多次險遭殺害。

對於慘絕人寰的納粹集中營生活，弗蘭克有深刻的體認：「在集中營裡我所見到的人，雖然一開始都被拋入完全相同的環境，但最終，有的人消沉頹廢，有的人卻如同聖人般越站越高。」

有一天，他赤身獨處囚室時，忽然頓悟了「人類終極自由」，這種心靈的自由是納粹無論如何也無法剝奪的，即如他所言，「在任何特定的環境中，人們都有最後一種自由，那就是選擇自己的態度。」

在這種自由思想及堅強心態的支撐下，弗蘭克「什麼樣的飢餓和拷打都能忍受」，最終，他堅持到最後，成為極少數納粹集中營倖存者之一。

弗蘭克成功的人生經歷說明，心態對做任何事情都是極為重要的。處事時是樂觀積極還是悲觀消極，往往決定事情的成敗。

　　正如一杯喝了一半的咖啡，樂觀積極者會說還有一半，悲觀消極者會說只剩一半，其潛在意義的差別是十分明顯的。「還有一半」說明他對剩下的一半感到心滿意足，他不擔心喝掉之後有沒有喝的。而「只有一半」則暗示他對剩下的一半感到擔心，擔心喝掉之後，再沒有其他喝的。簡而言之，前者的未來給人充滿希望的感覺；後者的未來則給人戛然而止的感覺。

　　心態積極向上的人，對自己期望的事物有著持續的好感，並願意不斷地去感知、想像、行動，以盡可能的得到它，而這也往往使他們更容易實現自己的目標；心態消極悲觀的人，對新事物常常持反對態度，沒有耐心去了解，只會在唉聲嘆氣中對它們進行不斷的批判，因為他們的思維是懶惰的，潛在意識是排斥的，這類人的人生和未來，失敗在所難免。

祕密的解答

健康、財富、幸福……任何你想要的，這個祕密都能滿足你。

—— 鮑伯·普克特

　　以上從宇宙到個人、從宏觀到微觀、從人類生存環境到個人生活狀態的論述，一直在暗示著一個驚天的大祕密。現在，是揭曉這個祕密的時候了。

　　這個祕密就是「吸引力法則」。

　　天體的存在離不開吸引力。太空中無數黑洞的恐怖之處，在於它的吸引力；地球生命體誕生的前提 —— 聚合作用，是吸引力；人類從古猿到現代人的進化過程，所展現出來的強烈生存、延續欲望，是吸引力；最重要的是，人生中始終以積極樂觀的心態處世，在思想意識的驅動、激勵下，去追求、實現自己的人生夢想，也是一種吸引力。

　　查爾斯·哈奈爾（Charles Hannel），美國成功學家，《萬能鑰匙：世界

最神奇的 24 堂課》（*THE MASTER KEY SYSTEM*）的作者。1912 年，他這樣描述吸引力法則：「這個祕密是最偉大的祕密，自然界的一切生物都絕無差錯地依靠它運作。」鮑伯‧普克特也這樣說：「不管你身在何方——印度、澳大利亞、紐西蘭，以及斯德哥爾摩、倫敦、多倫多、蒙特婁或紐約——我們的生活與工作都依循同一個力量和法則，那就是吸引力。」

的確，吸引力總是無處不在。世界是奧妙的，又是簡單的。微觀世界裡，原子中的電子，圍繞其中心的原子核飛速旋轉。如果把地球中心比作原子核，那麼地球表面的人類就像電子一樣，也處於飛速旋轉中，處於一種吸引力之中。

同樣，也可以這樣說，在你的世界裡，你也是原子核，周圍的人、事、物，都是圍繞你旋轉的電子，生命中發生的一切，也都是你自己吸引來的。它們被你心中的思想、期望吸引而來，它們就是你所想、你所希望得到的。不論你心中想什麼，健康、財富、幸福……等，你都會把它們吸引過來。因為你的每個思想都是真實存在的東西，就像原子核一樣，它有一種不可抗拒的力量。

你或你的思想，就像磁鐵，在你實現你想要得到的東西、想要發生的事情的過程中，磁鐵就會發揮它的吸引力作用，將一切相應的，能助你成功的人、事、物，吸引到你身邊來。

當然，吸引力法則也是自然法則之一，它具有客觀性。既然發生在你身上的事情、與你有關的事物，都是被你吸引來的，那麼它能為你吸引財富，也可能為你吸引債務；能為你吸引健康，也可能為你吸引疾病；能為你吸引喜悅，也可能為你吸引憂傷；能為你吸引成功，也可能為你吸引失敗……總之，在吸引力法則眼中，沒有好壞之分，它只是接受你的思想，並以現實的形式回應你的思想，你想要吸引什麼樣的結果，全然取決於你的思想。

　　吸引力就像一面鏡子，它能反映出你腦海中的一切思想。正面的、積極的、樂觀的思想，能為你吸引到你所想要得到的；負面的、消極的、悲觀的思想，會為你吸引到你不希望發生的。所以，人應有辨識的心，能用自由意志來選擇自己的思想，甚至刻意去思考、創造生命的奇蹟，這也是人類和其他生物的主要差別。

名人連結 ── 牛頓　　　　　　　　　　　　　　◆

> 　　牛頓，英國著名物理學家、數學家和天文學家，最顯著的成就之一，是發現萬有引力定律，創製反射望遠鏡，並用它初步觀察到行星運動的規律。牛頓的萬有引力定律，首次以嚴密的邏輯推理證明吸引力法則這個偉大祕密的真實存在。

　　牛頓，1643 年 1 月 4 日出生於英格蘭林肯郡小鎮伍爾索普的一個自耕農家庭。牛頓出生前三個月，父親就去世了，兩年之後，母親改嫁他人，把牛頓留給了他的祖母。

　　牛頓 12 歲進入離家不遠的格蘭特罕中學學習，18 歲畢業後，考入劍橋大學三一學院，並於西元 1665 年獲得學士學位。

　　離開劍橋，22 歲的牛頓在鄉居的兩年時間內，發明了微積分，發現了白光的組成，並開始研究引力問題。

　　1666 年秋天的某個下午，牛頓長時間埋頭工作後有些疲倦，就到後院去散步。他信步走到蘋果樹下，坐在長凳上觀賞田野秋色。寧靜的環境使他不由得又想起了引力之謎，思維翻騰。突然，一顆蘋果從樹上掉了下來。成熟的蘋果為什麼會往下掉？地球在吸引它？對，是地球的吸引！蘋果成熟後往下掉，丟到空中的石頭，也會往下掉，都是因為地球在吸引它

們。地面上的東西都會受到地球的吸引。月亮之所以圍繞地球轉，也是因為地球在吸引著它。想著想著，牛頓的眼裡閃出奇異的光芒，他長時間思索和研究的問題，終於找到了解決的線索。

23 歲的牛頓，發現了天地萬物間都存在引力，隨後，他又透過簡單而嚴密的數理論證證明，這種引力與距離的平方成反比，即所謂引力的平方反比定律。

1684 年，經常在一起討論太陽和行星之間引力問題的倫敦皇家學會科學家哈雷（Edmond Halley）、虎克（Robert Hooke）和雷恩，共同意識到引力與距離的平方成反比。但由於他們的數學分析能力不足，難以證明這點。他們反覆研究了幾個月，始終琢磨不透。這時，哈雷想到了以刻苦鑽研著稱的牛頓。該年 8 月，哈雷從倫敦來到劍橋大學，向牛頓請教。當時，牛頓已經完成從克卜勒定律到萬有引力的論證。哈雷深刻體認到牛頓這份計算的重要性，懇請牛頓發表著作。牛頓被說服了，開始了劃時代巨著《自然哲學的數學原理》的創作。

牛頓以非同尋常的才智，夜以繼日、如痴如狂地創作著。三年後，終於大功告成。全書於 1687 年出版，一經面世便受到學術界的廣泛讚頌，很快銷售一空。

牛頓在《自然哲學的數學原理》這部巨著裡，不但從數學上詳細論證了萬有引力定律，而且把力學確立為完整、嚴密、系統的學科。他在概括和總結前人研究成果的基礎上，透過自己的觀察和實驗，提出了「運動三定律」。這三條定律和萬有引力定律，共同構成了宏偉壯麗的力學大廈的主要支柱。這座力學大廈是近代天文學和力學發展的基地，是機械、建築等工程技術發展的基地，也是機械唯物論統治自然科學領域的基地。

牛頓晚年患有膀胱結石、風溼等多種疾病，於 1727 年 3 月 20 日深夜，在倫敦去世，葬於西敏寺教堂教堂，終年 85 歲。人們為了紀念牛頓，特別用他的名字來命名力的單位，稱為「牛頓（N）」。

卷二　祕密的運用法則

　　即使是極為嚴謹的公理、定律，也有一定的運用條件，吸引力這個偉大祕密也同樣如此。就像槓桿原理，阿基米德有句名言：「給我一個支點，我就能舉起地球。」本卷要介紹的，正是運用祕密的支點。

　　明白了這些支點，你就會最大程度地掌握和運用這個非凡的祕密，然後，你也可以像阿基米德一樣自豪地說：「給我一個祕密，我可以舉起任何夢想。」

祕密的法則

　　我們所處的宇宙蘊含著各式各樣的「規律」，這些規律支配著我們的
生活。例如，萬有引力定律。假如你從樓頂上掉下來，一定會直接摔到地
面上，不管你是好人還是壞人。

—— 麥克・柏納德・貝奎斯

（作家、潛能研究專家）

　　宇宙中存在著無數規律，吸引力法則可以說是其中最大的規律，沒有
之一。因為牛頓的萬有引力定律已經告訴大家，任何物體（質點）之間，
都存在因它們自身質量而引起的相互吸引力，這個吸引力定律已然覆蓋了
一切自然法則和客觀規律。

　　吸引力法則是宇宙間最大的規律，也是宇宙間最大的祕密，這個祕密
像自由落體運動一樣，既公正無私，又精準正確，所以在實際運用時，一
定要注意它的特殊性，一定要明確和遵守必要的法則。

祕密的客觀性

　　吸引力法則的客觀性主要表現在物質世界。

　　根據牛頓萬有引力定律，不管一個物體是否具備主觀意識，它與周圍
的物體都存在一種相互引力，因為作為質點，它們必然具有一定的質量。
所以，無論是宇宙中的天體，還是自然中的生物，都包含在這個定律之
中，都遵守吸引力法則。

　　在此，可以再回顧一下鮑伯・普克特所說的話：「不論你身在何
處 —— 印度、澳大利亞、紐西蘭，以及斯德哥爾摩、倫敦、多倫多、蒙
特婁或紐約 —— 我們的生活與工作都依循同一個力量和法則，那就是吸
引力。」

祕密的主觀性

吸引力法則的主觀性主要表現在非物質世界。非物質世界就是指人的思想、意識領域，這是掌握和運用這個祕密的最關鍵部分。

吸引力法則總是在說，你想要得到什麼，你就去想像，持續地想，最終你就會把你想要的東西吸引過來，實現自己的願望。很明顯，在這個實現願望的過程中，發揮最重要作用的，一直是你的主觀意識，是它建立了非物質世界和物質世界的緊密連結，是它建立了願望理想與目標實現之間的直接關聯。這種重要關聯是不可或缺的，雖然最終目標的實現還是要依靠必要的行動，但沒有這種主觀意識，沒有這種連結，行動也就失去了它的被指導性和有效性。

所以從某種程度上來說，吸引力法則是一種非物質層次上的溝通、一種主觀意識上的交流，其主要目的就是透過激發意識上的潛能，來實現一切現實願望。這種非物質溝通是看不見、摸不到的，它的作用很難顯現出來，它的神奇力量很難體會到，就像新時代思想家普蘭特斯‧馬福德（Prentice Mulford）的名言：「你的每個思想都是真實存在的東西 —— 它是一種力量」，能真正體會這句話的人絕對不多，這或許正是掌握這個神奇祕密之人少之又少的主要原因。

祕密的選擇性

在地球重力的吸引下，不論你拋出一個完整的瓶子，還是一塊碎玻璃，它總是會做自由落體運動往下掉，這是囊括一切的吸引力法則的客觀性體現。

吸引力法則是客觀存在的，其本身並不具備任何主觀選擇性。它不會促使好的發生，加快其發展；也不會避免壞的發生，阻止其發展。它就像一面思想的鏡子，將你腦海中的每個想法反應出來。同時，它又像磁鐵一

樣，會吸引和思想相關的、相似的東西，不管這些是好的，還是不好的；
是對你有利的，還是不利的。所以，這時就需要人的主觀意識，來將吸引
力法則導向對自己有利的一面。

　　既然吸引力法則總是吸引相關的、類似的、同性質的事物，積極的吸
引積極的，消極的吸引消極的；樂觀的吸引樂觀的，悲觀的吸引悲觀的；
正面的吸引正面的，負面的吸引負面的……那麼，這樣的選擇就很簡單
了。而且，一旦你長期處於這種正確選擇之中，你會越來越強烈地感受
到，你早已在思想上立於不敗之地，成功只是一個時間問題。

提出要求

　　問問自己：我真正想要的是什麼？想好之後再坐下來，把它寫在紙
上，用「現在進行時態」來寫。比如開篇你可以這樣寫：「我現在感到很
快樂和幸福，因此……」然後寫明你在生活各個方面所期待得到的東西。

—— 鮑伯‧普克特

　　阿拉伯民間故事合集《一千零一夜》（又稱《 天方夜譚 》）裡，有關
於阿拉丁神燈的故事：少年阿拉丁與母親相依為命，一個偶然的機會，他
得到了一盞神奇的油燈，這盞油燈能實現他的任何願望，只要他說出來，
油燈立刻就會為他辦到，他和母親因此過著快樂、幸福的生活。

　　故事中的油燈是神奇的，它總能輕易地實現阿拉丁的每一個願望，只
要阿拉丁能想到，油燈就能為他做到。毫無疑問，對於這樣的寶貝，任何
人都想擁有，然而在物質世界，這種東西是根本不存在的。

　　是的，阿拉丁神燈當然不存在，這個故事只是一個虛構的民間故事。但
現在你必須相信的是，在非物質世界，在你的思想意識中，的確存在一件這
樣的寶貝，這個寶貝就是吸引力法則。吸引力法則和阿拉丁神燈一樣，能回
應你的每一個願望，你所要做的，一樣只是把自己的想法列舉出來。

要成功運用吸引力法則，第一步也是「要求」，將自己的願望提出來。你想要的一切，都可以是你的要求，但你必須更具體一點。就像美國企業家、理財專家約翰‧阿薩拉夫所說：「你想住什麼樣的房子呢？你想成為億萬富翁嗎？你想從事什麼事業呢？你想要更多的成就嗎？你真正想要的到底是什麼？」

吸引力法則就是這樣，你想到什麼東西，就會吸引與之相關的東西。所以，你現在的首要任務是，弄清楚自己的願望究竟是什麼，究竟想得到什麼。你必須確定無疑地做好這一點，否則，吸引力法則是不會帶給你任何東西的，你就會像一架失去訊號的飛機，只能在天空中混沌地飛下去，不會有任何好的結果。

也許現在你會感到有點嚴肅，甚至會覺得，這是人生中，第一次如此認真的問自己：我究竟想要什麼？畢竟你已經知道，透過吸引力法則這個祕密，你可以擁有任何東西、做任何事，或成為任何人，沒有任何限制。在成堆的珠寶面前，人們總是會看完這件，看那件，難以做出最後的選擇。你現在也處於類似的境地。

還是打個比方吧！白天你在公司，發貨物訂單給一個工廠；下班之前，你在飯店訂了一桌酒席；回家後，你又在網站上訂購了給女兒的生日禮物……你想要的，其實就和這些訂單一樣，簡單而明確。所以，你不必再舉棋不定、猶豫不決。美國行銷專家喬‧維托博士（Joe Vitale）也這麼說：「這（向宇宙下訂單）真的很有意思，就好像是將宇宙當作目錄一樣，你翻了翻，然後決定：『我要這個體驗、我要那個東西、我要成為那樣的人。』你就是向宇宙下訂單的人，真的就這麼簡單。」

一旦你思想中有了明確的要求，你就完成了吸引力法則的第一步。這是一個提綱挈領似的必要步驟，你的其他任何要求，都可以這樣提出來，就像阿拉丁向神燈提出任何願望一樣。

堅持相信

　　一般情況下，如果我們所要求的事物沒有出現，我們就會感到失望和沮喪，然後就開始懷疑。這個懷疑會進一步加深失望的感覺。應該先接受這個懷疑，然後去轉化它。辨認出這種感覺，用堅定的信心——「我知道它即將到達實現的終點了」——去取代它。

—— 麗莎·尼可斯

（Lisa Nichols，作家、成功學家）

　　也許你未曾發現，很多成功人士在成就某件大事之前，並不知道如何下手去做，他們只知道自己要去做那件事，且最終一定會做成。

　　現在，運用吸引力法則的第二步——「相信」，其要義也在於類似成功人士的這種確定性，確定你的「要求」一定會實現，相信你的「要求」一定會成功。

　　上文曾提到向工廠下訂單，向飯店下訂單，向網路商店下訂單。相信每個人都會有這樣的感覺，即使工廠的貨物還沒有送來；即使飯店的美味佳餚還沒有上桌；即使網購的生日禮物還不在手邊……你都會相信，這一切都是你的，你不會同時再去訂另外一份貨物、菜單或生日禮物，你的腦海中已經形成這樣的概念，「我已經收到」、「它已經是我的」、「我已經擁有」。你的「要求」也像這些訂單一樣，最終總會到來。只是與上述訂單不同的是，你的訂單對象並不能具體到人，而是整個宇宙，你周圍的一切。

　　空泛的對象，難免會讓人聯想到類似「空頭支票」的字眼，要再次提醒你的是，像鏡子一樣的吸引力法則，會照出你的每一個思想，如果你的腦海中出現這樣的意識：「它會到來嗎？」，「我會擁有它嗎？」，「這是難以實現的」，那麼，吸引力法則為你吸引來的，就是「我還沒有擁有

它」。接著，你身邊的一切情境、人和事件，都會逐漸朝這個方向發展，這是難以接受的。

你必須相信，必須在腦海中形成這樣的概念：「它已經到來」，「我已經接收到了」，「我已經擁有它了」。這種心態類似買彩券中獎。你當天晚上看彩券頻道的電視直播，發現中了大獎，你很興奮，腦海中不斷想像兌獎後的情形：幫老婆買首飾，幫自己換輛車，出國旅遊……是的，只要你願意，這些都可以實現，因為在想像中，「我已經兌獎了」，「現金已到手」，「獎金已經全額兌領」，即使兌換獎金是明天或明天以後的事，當天晚上你也總是會想，我已經拿到錢了。你現在所要做的，就是像兌換彩券獎金一樣，相信你的「要求」就快就會成為囊中之物。

你不用去想這個「要求」是如何實現的，它的具體過程又是怎樣，這都不關你的事。你向工廠發出訂單後，不會想像貨物是怎麼製造出來的、是如何裝上貨車的、是走什麼路線送來的。你在飯店的訂單、網購的訂單也同樣如此，你不必擔心實現的過程，對方自會完成你的訂單。所以你要相信，對於你的「要求」，你的訂單對象 —— 宇宙 —— 也會搞定。如果要讓自己相信，對你來說有點困難，你也可以假裝，假裝「要求」已經實現。當你的言行舉止看起來總像已擁有它時，你就會開始相信自己已經接收到了。這時，阿拉丁神燈般的巨人 —— 宇宙 —— 就會回應你的思想，在吸引力法則的作用下，強力驅動你身邊所有的情境、人和事件，像變魔法一樣，實現你的「要求」。

感覺已經到來

　　學習和實踐吸引力法則，很重要的一點就是促使自己產生「我現在已經實現它了」的感覺。去試開那輛汽車，去為那間房舍增添傢俱，去那棟別墅參觀等等，盡你一切可能去產生「我現在已經實現它了」的感覺，並且將這種感覺牢記於心。在產生這種感覺的過程中，你為實現它所做的每件事，都會幫你真實的將它吸引到你身邊來。

—— 鮑伯·道爾

（Bob Doyle，作家、潛能研究專家）

　　運用吸引力法則的第三個步驟，也是最後一個，就是「接收」。從「要求」到「相信」再到「接收」，閉上眼睛，靜下心來想想，假如你想要的事物已經到來，你將會是怎樣的感覺。想像彩券兌換大獎後，你會興奮得睡不著；你會驕傲地宣布你是個幸運兒；你全家人及朋友都會為此感到由衷的喜悅。現在，就用這種感受去感覺你的「要求」。

　　你的「要求」是你希望出現的，你去感覺它時，總會懷著情不自禁的喜悅心情。這時，你的身體就像一個美好事物的「接收器」，將一切與「要求」相關的、你感興趣的東西，吸引過來，直到最終「要求」的實現。

　　你要相信，這種感覺是一種意識，它的力量是巨大的。它啟迪你、引導你，向你展示記憶中儲存的場景、姓名、事件等等；它啟動你的心跳，控制你的血液循環，調節你的消化、吸收和排泄功能。當你吃下一片麵包，它替你轉成組織、肌肉、骨骼、血液……

　　也許你已經意識到，這種感覺是從不休息的。它總在不停的工作，只要你將「要求」陳述出來，它就會引導你去無限的接近「要求」，實現「要求」。

　　這種感覺也像前文所說的「意識的力量」，無論是莎士比亞的劇作、

拉斐爾的聖母畫像，還是貝多芬輝煌的交響樂，都是在這種感覺的作用下創造出來的。

十九世紀中期，孟加拉有一位從蘇格蘭來的外科醫生，名叫詹姆斯。他從 1843 ～ 1846 年間，在孟加拉工作，大約實施了 400 多次大手術，有截肢的、切除腫瘤的，還有眼睛、耳朵、喉嚨等手術。

那時，麻醉藥乙醚，或其他當代的一些麻醉方法，都尚未被發明，所有的手術都沒有麻藥，用的只是精神麻醉法。令人驚奇的是，這些手術的死亡率很低，只占 2% ～ 3%。病人在手術期間不會感到疼痛，也沒有死在手術臺上的。

詹姆斯醫生的做法是，將病人催眠，不斷向他們暗示：不會疼痛，不會有敗血症，不會出現細菌感染。結果，病人在他的這種暗示下，真的幾乎沒有感染現象，死亡也極其少見。催眠對催眠者來說，是一種暗示；對被催眠者而言，則是一種感覺，完完全全地感受催眠者的暗示：覺得他暗示的一切已經到來，已經實現，你的整個身心已經處於他所說的那種環境。詹姆斯醫生就是在病人的這種感覺中，一次次地實現手術的極大成功。

吸引力法則的學習與實踐也是如此。它也是極力讓你產生「要求」得以實現的感覺，想像處於「已經擁有」、「已經得到」、「已經實現」的環境，並且牢記這種感覺。為此，你可以去試開那輛汽車，可以到那間房屋裡參觀，也可以摸摸鄰居家那個不到一歲的小嬰兒的腦袋。一切你為達成它所做的，都會幫你將它真正吸引到身邊。

你的這些行為，都是受到感覺啟發、自然而然的行為，有如順流而下，毫不費力，而且目標也十分明確 —— 直奔大海。現在，就把你的感覺比作流水，把「要求」比作大海，只要堅持這種感覺，追尋的道路就會自發地在你面前延伸，不斷延伸，最終，你會順利的到達目的地，實現你的任何「要求」。

從小到大

　　人們所說的大小，對宇宙而言是沒有任何意義的。從科學角度上來說，吸引一個我們認為「很大」的事物，並不比吸引一個我們認為「很小」的事物難多少。因為在宇宙眼裡，每件事情都是輕而易舉的，比如草，總是可以毫不費力地生長，大自然的規律就是這麼神奇。

—— 鮑伯・道爾

　　上文論述了運用吸引力法則的三個步驟：第一是提出「要求」，第二是「相信」它會實現，第三是「接收」它已經到來。

　　第一個步驟裡面提到，宇宙就像阿拉丁神燈一樣，能滿足人們提出的任何願望。那麼此時，問題可能就出現了，肯定有人會問：「我相信它會實現，我也正感覺它已經到來，但它究竟什麼時候會來呢？一天？一個月？還是一年？」對於這個時間問題，很多人都難以理解。

　　一般來說，從提出「要求」開始，人們腦海中就會有這樣的認知：這個「要求」比較大，要花點時間；那個「要求」比較小，只需要幾個小時。其實，這些大小長短的概念，對宇宙來說，都是不存在的。

　　如果你熟悉量子物理學和愛因斯坦的理論，就會覺得時間只是個幻象，眼前的事物並不是一個接著一個發生的，而是同時發生。由此，你就會認為，自己正處於與未來平行的狀態，任何未來你想要的事物，現在已經存在了。

　　如果這還是難以理解，那麼就從小事做起吧！

　　比如，吸引一本書。假設你現在需要一本書，你就會將注意力專注在這本書上，心裡會產生與之相關的情境，你就會越來越被它吸引，而它也會吸引你，但實際上，它是憑藉吸引力法則，藉由你、透過你，而成為有形事物的。

再比如，你在電影院看電影，總是擔心看得太晚，停車場會關門，車開不出來，所以你急切想知道停車場關門的準確時間。這時，吸引你的已不是電影，而是停車場看門的人員。而停車場呢？它也在吸引你，它的管理員們也在想停車場的消費者：今晚附近電影院新片上映，是否應該晚點關門呢？最終，在這種相互吸引力的作用下，不管是誰促成了這個結果，你都會將汽車順利地開回家。

　　這些都是生活中的小事，都是小「要求」，在大多數人看來，都很容易。其實，大「要求」也是如此，跟著小「要求」一樣堅持「相信」下去、「接收」下去，你會發現創造生活、達成理想是一件多麼簡單的事情。

名人連結 —— 貝多芬　　　　　　　　　　　　　　◆

　　路德維希・范・貝多芬，德國著名音樂家、作曲家，與海頓、莫札特一起被後人稱為「維也納三傑」。他在音樂上的巨大成就，來自於他無窮的音樂靈感，即使耳朵完全失聰，他也能感受到那些由自己創作、指揮的音樂，是多麼的美妙而偉大。貝多芬的親身經歷讓你不得不相信，「感覺夢想已經實現」之後，吸引力法則便真能使你實現從「感覺」到「實現」的跨越。

　　貝多芬，1770 年 12 月 16 日，生於德國波昂，祖父和父親都是宮廷樂師，母親是宮廷御廚的女兒。

　　貝多芬從小就具有十分敏銳的音感，他的父親發現這一點後，決心把他培養成另一個莫札特式的音樂神童，好以此作為他的搖錢樹。

　　1781 年，11 歲的貝多芬加入戲院樂隊，兩年後當上了大風琴手。1787 年，貝多芬的母親去世。次年，父親退休。父親酗酒成性，整日不歸，17 歲的貝多芬不得不擔負起整個家庭的重擔。

　　1792 年 11 月，貝多芬離開故鄉，前往維也納，受教於海頓門下一年，又向申克、阿爾布雷希茲貝格與薩里耶利等名師求教，尤其是後者，學習了十年之久。

　　1795 年，貝多芬在維也納舉行了第一次音樂會。他彈奏的是自己創作的「第二號鋼琴協奏曲」，維也納市民為之折服，貝多芬也因此名聞遐邇（其「第一號交響曲」是後來才創作的）。此後五年，貝多芬憑藉自己神奇的想像力，接連寫了震驚樂壇的名作。在這些作品中，瀰漫著生命的歡愉與熱情，且表現了空前的自由意境，突破了連莫札特都束縛的嚴格

形式。

　　就在貝多芬事業一帆風順，聲名如日中天之際，不幸的命運降臨到他身上 —— 他罹患耳疾。

　　從 1797 年開始，貝多芬耳疾的病情逐年惡化，對一個音樂家來說，再沒有比這種打擊更沉重的了！惡魔限制了作曲家與外界的交往，妨礙了他的鋼琴演奏，他不得不放棄演出，長期隱居在維也納鄉村。也正在此時，他與一名 17 歲的少女茱麗葉塔‧古奇阿帝相戀，著名的《十四號鋼琴奏鳴曲》「月光」，就是見證他們相戀的作品。

　　隱居鄉下的貝多芬一度消沉萬分，甚至寫下遺書陳述遭遇耳疾的悲慘和不幸，後終因康德的哲學觀重建信心。他又回到維也納市區，並樂思泉湧，於 1803 年寫出了雷霆萬鈞的第三號「英雄」交響曲。此曲原想獻給拿破崙，但因拿破崙加冕稱帝，貝多芬憤而塗掉拿破崙的名字，改稱為「英雄交響曲」。

　　同年，貝多芬又相繼創作出「克羅采」、「華爾斯坦」、「熱情」及獨一無二的歌劇「費黛里奧」。1806 年，他又作出「第四號鋼琴協奏曲」和「D 大調小提琴協奏曲」。1808 年，貝多芬同時發表了第五號交響曲「命運」與第六號交響曲「田園」。1809 年，貝多芬完成第五鋼琴協奏曲「皇帝」。這些都是永垂不朽的傑作。

　　貝多芬內心蘊藏著無窮的感情，細膩、超凡、和諧、十全十美。他有意將自己的意念放在曲子中。如第五號交響曲「命運」，一開始的主題動機就是命運之神用力敲門；第六號交響曲「田園」更可察覺出貝多芬有意對大自然的描繪，第一樂章即標明了「令人心曠神怡的鄉間」字眼。

　　1804 ～ 1814 年間，貝多芬肉體蒙受失聰的慘境，但在這 11 年的歲月裡，他的創作極為豐富，歷史價值更是史無前例。他寫出了人類音樂寶藏中光芒萬丈的珍品。

　　1824 年 5 月 7 日，在維也納舉行《D 大調莊嚴彌撒》和《第九號交響曲》的第一次演奏會，獲得了空前成功。貝多芬出場時受到觀眾五次鼓掌歡迎，在這個講究禮節的國家，皇族出場也僅能享受到三次鼓掌禮。貝多芬背對觀眾指揮交響曲，現場一片狂熱的騷動，許多人失聲哭泣。對這一切，完全失聰的貝多芬毫未察覺，直到一位女歌唱演員牽著他的手，讓他面對群眾時，他才突然看見全場起立，揮舞著帽子，向他致敬。這是個激動萬分的震撼場景，貝多芬感動得暈了過去。

　　1826 年，對已完全失聰的貝多芬來說，留給他的時間已經不多了。這一年，他已做過 3 次手術，病情仍不見好轉，他還在等待著第四次。

　　1827 年 3 月 26 日下午，維也納突然下了一場大風雪，伴著震耳欲聾的一聲驚雷，貝多芬咽下最後一口氣，永遠離開了世人。

　　貝多芬是德國最偉大的音樂家之一，也是世界音樂史上最偉大的作曲家之一。他是「維也納古典樂派」的最後一位代表人物。在自己短短的 57 年生涯裡，他為人類留下了無價的音樂寶藏，因此，世人尊稱他為「樂聖」。

卷三　祕密的活學活用

　　關於祕密法則，前面兩部分已作出整體性的理論介紹，此部分主要是將其中的一些關鍵理論活學活用，具體運用到與生活息息相關的各個方面。

　　比如，高效能的祕密。為什麼有些人看起來總是很忙，每天都很操勞，到頭來卻沒有獲得多少？為什麼另外一些人看起來並不怎麼忙碌，卻又往往所得頗豐，生活得輕鬆瀟灑？這就是高效能的祕密。如果你掌握了祕密法則，你也可以增進效能。

　　此外，祕密法則在人生、潛能、生命、世界、健康、財富等方面的活學活用，對人們同樣有著不可思議的實用價值和指導作用。

第一節　高效能的祕密運用

人的生命是有限時間的累積。以人的一生來計劃，假如用 80 歲來計算，大約是 70 萬個小時，其中能有比較充沛的精力進行工作的時間，只有 40 年，大約 15,000 個工作日，35 萬個小時，除去睡眠、休息，大概還剩 2 萬個小時。生命的有效價值就靠在這些有限的時間裡發揮作用。

因此，想實現更多願望，想追求盡可能精彩的人生，你就必須增進效能。「發明大王」愛迪生一生就是極其有效率的，在他 84 年的人生中，平均每 15 天就有一項新發明。其中，僅從 1869～1901 年，他就獲得了 1,328 項發明專利。愛迪生如此有效率的祕密是什麼呢？

學會感恩

不管我們腦子裡想的是什麼，或是感恩什麼，這些東西總會到來。

—— 約翰·迪馬提尼

（John F. Demartini，作家、國際演講學家、醫生）

很多人透過諸多方式，將自己的生活安排得盡可能地好，然而他們仍然生活在貧困之中，因為他們缺乏感恩。

—— 華萊士·沃特爾斯

（Wallace D. Wattles，哲學家、作家）

感恩，是生活的基本準則之一，是人格特質的重要體現，是獲得一切美好事物的基礎。感恩是一種大智慧，能使人感受到大自然的美妙和生活的美好，能使人始終保持積極、健康、陽光的良好心態。

英國作家薩克萊說：「生活就是一面鏡子，你笑，它也笑；你哭，它也哭。」你感恩生活，生活將賜給你燦爛的陽光；你不感恩，只知一味地

怨天尤人，最終可能一無所有！成功時，感恩的理由固然能找到許多；失敗時，不感恩的藉口卻只需一個。

不管成功還是失敗，都應常懷一顆感恩的心，因為無論從個人，還是整個社會環境而言，周圍的一切都是有恩於人的。

人從小開始，便領受了父母的養育之恩；等到上學，又受老師的教育之恩；工作以後，又有上司、同事的關懷、幫助之恩；年紀大了之後，又免不了要接受晚輩的贍養、照顧之恩。要而言之，身為個體的社會成員，人們都生活在一個多層次的社會大環境中，都先從這個大環境裡獲得了一定的生存條件和發展機會，也就是說，社會這個大環境是有恩於每個人的。

感恩，是一種美好的情感，是思想品德的淨化劑、也是事業的原動力和驅動力。它將使你的心和你所企盼的事物連繫得更緊密，使你堅持對生活、對一切美好事物的信念，從而一生都被美好的事物包圍。

因此也可以說，感恩是轉變你的能量、並為你的生命帶來更多你想要的東西的有效方法。對目前已經擁有的一切感恩，你將會吸引更多美好的事物。

在一個鬧饑荒的城市，一個家庭殷實且心地善良的麵包師，把城裡最窮的幾十個孩子聚集到一起，然後拿出一個裝有麵包的籃子，對他們說：「這個籃子裡的麵包，你們一人一個。在上帝帶來好光景以前，你們每天都可以來拿一個麵包。」

瞬間，這些飢餓的孩子彷彿一窩蜂般湧了上來，他們圍著籃子推來擠去、大聲叫嚷，誰都想拿到最大的麵包。當他們每人都拿到麵包後，竟然沒有一個人向這位好心的麵包師說聲謝謝，就走了。

但是有一個叫依娃的小女孩卻例外，她既沒有跟大家一起吵鬧，也沒有與其他人爭搶。她只是謙讓地站在一步以外，等別的孩子都拿到以後，

才把剩在籃子裡最小的一個麵包拿起來。她並沒有急於離去，她向麵包師表示感謝，並親吻了麵包師的手後，才往家走去。

第二天，麵包師又把裝麵包的籃子放到孩子們的面前，其他孩子依舊如昨天一樣瘋搶，羞怯、可憐的依娃只得到一個比昨天還小一半的麵包。當她回家以後，媽媽切開麵包，許多嶄新、發亮的銀幣掉了出來。

媽媽驚奇地叫道：「立即把錢送回去，一定是揉麵的時候不小心揉進去的。趕快去，依娃，趕快去！」

當依娃把媽媽的話告訴麵包師時，麵包師面露慈愛地說：「不，我的孩子，這沒有錯。是我把銀幣放進小麵包裡的，我要獎勵妳。願妳永遠保持現在這樣，擁有一顆平安、感恩的心。回家去吧！告訴妳媽媽，這些錢是妳的了。」

依娃激動地跑回家，告訴媽媽這個令人興奮的消息，這是她的感恩之心所得到的回報。感恩，說明一個人對自己與他人，及社會的關係，有正確的認知；報恩，則是在這種正確認知之下產生的一種責任感。常懷感恩之心，便能夠生活在一個感恩的世界裡，世界會因此變得更加美好，個人也會得到感恩的回報。而這回報，就是被你的感恩吸引來的。

感恩，也是一種祈禱，它對心靈的感受力和由此產生的精神動力是很強大的。如果你每天早上起來，能對身邊的人說聲感謝；能為自己還可以正常呼吸而感恩；能為自己還可以睜開眼睛而感恩……你感謝父母把你帶到這個世界上；感謝你的老闆賜予你這份工作；感謝你的同事、你的團隊對你一點一滴的幫助；感謝上天賜予你天分……當你常常這樣講時，你就會感覺心裡暖暖的，有種幸福快樂的感覺。當你有幸福快樂的感覺，你的情緒就已經達到一種能量狀態了，你就會得到更多你想要的、你感恩的東西。

你的夢想是什麼

　　每個人都有自己的理想，這個理想決定他努力和判斷的方向。在這個意義上，我從來不把安逸和快樂當成生活本身的目的 —— 這種倫理基礎，我叫它豬欄式的理想。照亮我的道路，且不斷給我新的勇氣，去愉快地正視生活理想的，是善、美、真。

—— 愛因斯坦

　　夢想，即人們在夢裡大膽的想像、美好的期望。一個人走在通往成功的途中，可以一無所有，但不能沒有夢想。

　　想要成功，首先要明瞭自己最愛的是什麼？最渴望的是什麼？夢想做什麼？當人們談到他們的理想時，有幾種典型的說法，如：「我要賺很多錢」，「我要找一份較好的工作」，或是「我要自己做生意、當老闆」。這些夢想太籠統了。多少錢才是很多錢？什麼工作算是好的工作？你要做哪一種生意？

　　那些可以明確說出他們夢想的人，比那些對自己要什麼都只有一個模糊概念的人，會有更多的機會去實現他們的夢想。因為在吸引力法則中，你明確的夢想，就是你向宇宙提出的「要求」，就是你向宇宙下的訂單。試想，如果生活中的你，在下訂單購買貨物時，連基本的數字都不明確，又怎麼能下單成功，讓別人送貨上門呢？

　　所以，如果你想賺更多的錢，就應精確地說出你想賺多少錢，預定什麼時候達到這個目標；如果你的目標是找一份好工作，就應把你想要做的工作詳細地寫下來；如果你的夢想是做生意，就描述一下你要做哪種生意，以及你要什麼時候開始進行。

　　夢想最大的意義，是給人們一個方向、一個目標。如果只把夢想當做夢，那麼這樣的人生，可以說沒有什麼亮點。

夢想使人偉大，人的偉大之處就在於將夢想作為目標來執著地追求！

美國某個小學的作文課上，老師給小朋友的作文題目是：「我的夢想」。

一位小朋友非常喜歡這個題目，在本子上飛快地寫下自己的夢想。他希望將來自己能擁有一座占地十餘公頃的莊園，在壯闊的土地上植滿如茵的綠草。莊園中有無數的小木屋、烤肉區，及一座休閒旅館。除了自己住在那裡外，還可以和前來參觀的遊客分享自己的莊園，有住處供他們休息。

寫好的作文經老師過目，這位小朋友的本子被劃了一個大大的紅「X」，發回到他手上，老師要求他重寫。

小朋友仔細看了看自己所寫的內容，並無錯誤，便拿著作文簿去請教老師。

老師告訴他：「我要你們寫下自己的夢想，而不是這些如夢囈般的空想。我要實際的夢想，而不是虛無的幻想，你知道嗎？」

小朋友據理力爭：「可是，老師，這真的是我的夢想啊！」

老師也堅持：「不！那不可能實現，那只是一堆空想，我要你重寫。」

小朋友不肯妥協：「我很清楚，這才是我真正想要的，我不願意改掉我夢想的內容。」

老師搖頭：「如果你不重寫，我就不讓你及格了，你要想清楚。」

小朋友也跟著搖頭，不願重寫，而那篇作文也因此得到了一個大大的「F」。

事隔 30 年後，這位老師帶著一群小學生到一處風景優美的度假勝地旅行，在盡情享受無邊的綠草、舒適的住宿及香味四溢的烤肉之餘，他望見一名中年人向他走來，並自稱曾是他的學生。

這位中年人告訴他的老師，他正是當年那個作文不及格的小學生，如今，他擁有這片廣闊的度假莊園，真的實現了兒時的夢想。

老師望著這位莊園的主人，想到自己 30 年來，不敢夢想的教師生涯，不禁嘆道：

「30 年來因為我自己，不知道用成績改掉了多少學生的夢想。而你，是唯一堅持自己夢想的，你成功了！」

夢想是一個人在很多時候的信仰，是人在做事情時的動力。確定自己的夢想，堅信它會實現，那麼，它就會吸引你一步步地向它邁進。

將夢想視覺化

將你的夢想視覺化，這種視覺化不是去想如何實現它，而是它已經實現，它已經呈現在你眼前。一旦你已經「視覺化」了它，那麼，這種已經實現的感覺、這種內在的「看見」，就會立即敞開一扇大門，宇宙間的無窮力量就此向你湧來。

—— 麥克‧柏納德‧貝奎斯

對新聞工作者來說，視覺衝擊力始終是個永久的話題，文字編排的視覺衝擊、圖片編輯的視覺衝擊、影像剪裁的視覺衝擊……等，都是吸引讀者最直接、有效的方法。

現在，也可借用這個道理，將你的夢想吸引過來。

人的夢想是大腦思維的產物。尚未實現的夢想，都會以想像的圖像，存於腦海中。為了不斷強化夢想，便可將夢想以現實的形式表現出來。比如，你想擁有一輛青睞已久的汽車，或是一座遠離城市的莊園，就可以將它們拍成精美的照片，放在自己的手邊，時不時地看看，不斷衝擊自己的感覺。如果你想去遊覽遠方某個名山大川，也可依照自己的想像，將其描繪成畫，掛在你書桌對面的牆上，稍一抬頭就可以看見。

這些照片或繪畫，是你思維的圖景，承載著你的夢想，一定要製作得

非常具體、清晰透亮、輪廓鮮明。每一個角度，每一種顏色，都要鮮明而富有生氣和活力，看起來就給人一種呼之欲出的感覺。

　　為了避免思維受到局限，你不應考慮製作成本，不可為膠捲夠不夠長、畫布夠不夠大、顏料是否充足之類的事情擔心。世界上沒有任何人可以限制你，除了你自己。所以，你要做的，就是盡情地從無限中大量吸取能量，在想像中大膽地反映它、構建它。你夢想的場景就在那裡，它是那麼的美麗、壯觀而宏大。放開思想的韁繩，讓你的相機、畫筆，跟隨你的想像，自由馳騁，將你的偉大夢想逼真地製作出來。

　　然後，將這些作品放在觸手可及的地方，每當你有意無意地看見它，就會不斷強化自己的目標，不斷的聯想，甚至就像你已經擁有了這一切。

　　安德森 23 歲時，住在一個非常小的公寓，窮困潦倒。有一次，他請女朋友露西到他家裡來，他想跟她求婚。

　　露西應約到來，這是她第一次到安德森住的地方，但她發現他竟然連床都沒有。他睡在一個吊床上。安德森說：「我之所以這麼做，是因為我這個人比較喜歡浪漫。」結果他們兩人就躺在吊床上，安德森覺得這個氣氛還不夠，就放了一段很柔和、很羅曼蒂克的愛情音樂，然後就開始跟他女朋友求婚了。

　　「露西，你看我現在多年輕，未來一定會非常有成就，你也看到了我的企圖心，你知道我有強烈的動機、堅定的信念。你看到我每天都採取行動，我相信，要是妳嫁給我，妳一定不會看走眼的，妳一輩子都會享有榮華富貴。我可以讓妳每天早上睡覺時不要用鬧鐘，因為妳根本不需要工作；我們會擁有私人飛機，妳根本不用排隊去機場；我會讓妳戴鑽石，十隻手指伸出來都不夠戴；我會讓妳鈔票多到數不過來。」他問：「露西，妳願意嫁給我嗎？」

　　露西正心動想要答應的時候，非常不巧的，吊床的繩子突然斷了，兩個人哇的一聲同時摔到地上。露西失望透頂，拒絕了安德森。

　　安德森非常沮喪，他決定換個環境，到俄羅斯發展個人事業。他拿出一個俄羅斯地圖，開始設立目標。他設立：第一個，在 24 歲，也就是一年之後，他的年收入要超過 25 萬美金（那時候安德森連 2 萬美金都賺不到）；第二個，以後要住城堡，城堡上是圓柱形，要遙望整個太平洋；第三個，一年之後要結婚。他甚至把未來太太的長相都具體畫出來了，什麼樣的髮型、什麼樣的眼睛、什麼樣的個性，結婚之後要擁有多少個小孩，幾個男孩、幾個女孩，全部具體化、明確化，然後把它貼在夢想板上。安德森每天早上起床後，就看著他的目標；晚上睡覺前，也看著他的目標。

　　看著夢想板上的目標，安德森不斷加深對夢想的渴望。它就像資源導向系統一樣，讓安德森的目的非常明確。他會明確地追蹤這個目標，直到實現為止。

　　一年之後，安德森到底有沒有賺 25 萬美金呢？答案是沒有。是的，他的確沒有賺 25 萬美金，因為他那年賺了 100 萬美金。那一年，他有沒有結婚？有的，他結婚當天晚上，把這個俄羅斯地圖翻過來給他太太看，這個圖片上的人，幾乎跟他太太長得一模一樣。

　　將夢想視覺化，呈現出來的影像就會不斷衝擊你的視覺。此時，無形的吸引力會驅使你不自覺地朝著夢想的地方前行，並將一切有利於實現目標的事物，吸引到你的身邊，你的夢想就更容易實現了。

思路決定出路

提出一個問題往往比解決一個問題更重要。因為解決問題也許僅是一個數學或實驗上的技能而已，而提出新的問題，卻需要有創造性的想像力，而且象徵著科學的真正進步。

—— 愛因斯坦

很多人都知道這個故事：一家英國鞋廠和一家美國鞋廠，各派一名推銷員到太平洋一個島嶼去開闢市場。上島後，他們各自給自己的鞋廠回一封電報。一封是：「這個島上的人不穿鞋子，明天我就搭頭班飛機回去。」另一封是：「棒極了！這個島上的人都還沒穿鞋子，潛力很大，我擬常駐此島。」

生活中，大多數人都像第一個鞋廠推銷員一樣，總是持續走在既有的路上，保持固有的思維習慣。在一條老路上這樣不斷地走下去，是不可能走出嶄新天地的，更不會獲得更大的成就。因為從一開始，其陳舊的思想就只能吸引一些早已熟知的事物，結果要麼就是司空見慣，要麼就是不知變通。

近代思想家克里斯汀‧拉爾森（Christian Larsson）有句名言：「每個了解正面思想力量的人都相信，人可以改變自己，並主宰自己的命運。」既然目前的境況，是之前一直持有的思想造成的，那麼，何不改變現在的思想，理清當前的思路，去改變未來的一切，迎接更好的生活呢？

所以，對第一個鞋廠推銷員來說，不妨改變一下思路，換條路往下走。一條路走多了或走不順暢，可以硬著頭皮走下去，也可以放棄原路，另闢蹊徑，路的旁邊也是路。換一種方式思維，往往能使人豁然開朗、步入佳境，也能使人從「山窮水盡」中，看到「峰迴路轉」、「柳暗花明」，變不可能為可能。

思路決定出路。世界上有很多事，換一種思維方式，都會找到另外一扇門。很多不可能的事情，只要走出自我的狹窄地帶，積極去探尋其他途徑，尤其是將目光向外，認真去思索，一切積極的資源、方法、結果，都會被你吸引過來。

有位優秀的商人叫傑克。某天他為自己聰明漂亮的兒子，設計了一個奇特而大膽的「行銷」方案：

傑克：「我已經為你選好一個女孩子，我要你娶她。」

兒子：「我要娶的新娘我自己會決定。」

傑克：「我說的這女孩可是比爾蓋茲的女兒喔！」

兒子：「哇！那這樣的話……」

在一個聚會中，傑克走向比爾蓋茲。

傑克：「我來幫你女兒介紹男朋友吧！」

比爾蓋茲：「我女兒還不想結婚呢！」

傑克：「但我說的這位年輕人可是世界銀行的副總裁喔！」

比爾蓋茲：「哇！那這樣的話……」

接著，傑克去見世界銀行總裁。

傑克：「我想介紹一位年輕人來當貴行的副總裁。」

總裁：「我們已經有很多位副總裁，夠多了。」

傑克：「但我說的這位年輕人可是比爾蓋茲的女婿喔！」

總裁：「哇！那這樣的話……」

最後，傑克的兒子娶了比爾蓋茲的女兒，又當上了世界銀行的副總裁。

正如愛因斯坦所說，為了更快的實現願望，和實現更好的願望，不但要改變思路，還要創造思路。像以上傑克這件如此完美的事情，在常人看來，是癩蝦蟆想吃天鵝肉；但在傑克的思維方式裡，是順理成章的事情。

思想是一個人的翅膀，心有多大，夢想就有多大。如果不能打碎心中的四壁，即使給你一片藍天，你也找不到自由的感覺。敞開心靈的柵欄，向宇宙開放你的理想之門，吸引力法則會使你贏得你想要的一切。

不要被困境陷住

我始終不願拋棄我的奮鬥生活，我極端重視奮鬥得來的經驗，尤其是戰勝困難後所得到的愉快，一個人要先經過困難，然後踏進順境，才覺得受用、舒適。

—— 愛迪生

生活中有人成功，有人失敗。有人能從失敗中奮起，走向最終的成功；有人卻從成功中墜落，跌入失敗的深淵。

失敗的人之所以失敗，甚至就此一蹶不振、沉淪墮落，將一生輕而易舉地毀掉，原因是什麼呢？這恰恰就在於他們被自己當前面臨的困境所主宰。

失敗的人都有一個共同點：一旦面臨困境，他們往往無法跨越這個陷阱，最終就像野獸落入捕殺器一般，傷痕累累，難以自拔。其實人面臨困境時，真正的危險只有一個：不恰當地歸咎自己。你若開始以失敗者自居，或失敗後不可能再爬起來，便會真的成為失敗者。「你認為自己是怎樣的人，就會真的成為怎樣的人。」這句格言在此處同樣適用。

被當前的困境主宰，就是被當前的思想主宰。實際上，這也是思路問題。

吸引力法則告訴我們，如果你當前的思想還在困境中，不但難以脫離現在的困境，而且未來還會繼續這種困境狀況；如果你的思想，從現在開始就從困境中脫離出來，那麼，即使你現在的困境暫時沒有得到改善，你

未來的境況也開始往好的方向啟動了。

因此，無論發生什麼事，不僅要杜絕自己是挫敗者的想法，還要阻止消極思想侵蝕心靈。不要落入不滿的陷阱，變得憂慮、蠻橫或憤世嫉俗。自以為別人總是與自己作對、妨礙自己成功的人，比罹患絕症還要不幸。這是一種心理上的嚴重失位，只要糾正這種心理上的偏頗，就會重回夢想的正道。

保羅・高爾文（Paul V. Galvin）是個身強力壯的愛爾蘭農家子弟，充滿進取精神。13 歲時，他見別的孩子在火車站月臺賣爆玉米花，他不由得被這個行當吸引了，也一頭闖了進去。

但是他不懂，早已占住地盤的孩子們，並不歡迎有人來競爭。為了幫他懂得這個道理，他們搶走了他的爆玉米花，把它們全部倒在街上。

第一次世界大戰後，高爾文從部隊復員回家，在威斯康辛辦起一家電池公司。可是不管他怎麼賣勁，產品依然打不開銷路。有一天，高爾文離開廠房去吃午餐，回來卻發現大門已經上鎖，公司被查封了，高爾文甚至不能再進去取出他掛在衣架上的大衣。

1926 年，高爾文又跟人合夥做起收音機的生意。當時，全美國估計有3,000 臺收音機，預計兩年後將擴大 100 倍。但這些收音機都是用電池作能源的。於是他們想發明一種燈絲電源整流器，來代替電池。

這個想法本來不錯，但產品還是打不開銷路。眼看著生意一天天走下坡，他們似乎又要停業關門了。此時高爾文透過郵購銷售辦法，招攬了大批客戶。他手裡一有錢，就辦起專門製造整流器和交流電真空管收音機的公司。可是不出 3 年，高爾文依然破產了。

這時，高爾文已陷入絕境，只剩下最後一個掙扎的機會了。當時他一心想把收音機裝到汽車上，但有許多技術上的困難有待克服。

到 1930 年底，高爾文的製造廠，帳面上已淨欠 374 萬美元。在一個

週末的晚上，他回到家中，妻子正等著他拿錢來買食物、交房租，可他摸遍全身，只有 24 塊錢，而且全是借來的。然而，經過多年的奮鬥不懈，後來的高爾文還是腰纏萬貫，富甲一方。他蓋的豪華住宅，就是用他第一部汽車收音機的牌子命名的。

對運動員競技而言，比賽結束就是結束了 —— 有人贏，有人輸。比賽不能重來，可是在你的理想上，永遠有第二次機會。套用奧哈拉的話說：「明天又是嶄新的一天。」明天永遠有另一個成功的機會。

因此，只要一息尚存，就有希望。不論遭遇何種不幸，只要能繼續生存下去，就證明了你不是挫敗者，你就應像高爾文一樣堅持下去。

大文豪屠格涅夫說：「人的心靈是一座幽暗的森林。」這座幽暗的森林包羅萬象、詭譎多變，像一道深淵，令人無法探知其真實面目。人們的一切成功和失敗，都在這座森林中，都被它主宰。如果你想脫離現在的困境，想在未來不會遭遇逆境，你就必須做到吸引力法則不斷強調的一點，控制你的思想，主宰你的思想。

學會總結

每晚睡覺前，仔細想想白天發生的事情，如果發現有任何時刻或事情不是你希望的，那就用能使自己滿意的方式，將它們「重播」一次。當你在腦海中重新創造這些事件後，就清除了當天的記憶，為明天有意吸引新的畫面作出了良好準備。

—— 納維爾·高達德

（Neville Goddard，作家、人生導師）

失敗也是我需要的，它和成功對我一樣有價值。

—— 愛迪生

　　就像貨物帳期一樣，理想目標從確立到實現，也有一個週期。因此，如果你說「這就是現在的你」，那是不對的，現在的你其實是過去的你。

　　你現在面臨的一切，都是過去思想的結果。現在你銀行戶頭上的存款不足、你沒有滿意的人際關係、你的健康或體格與自己的期望有很大差距……都是由你過去的思想行為決定的。而明天你是否會繼續這種存款有限、人際關係不佳及身材失望的狀況，也完全取決於你現在的所思所行。

　　如果你對現在的境況不滿，希望將來能有所改觀，那麼，現在你就必須採取行動。

　　首先，你要總結。不管過去成敗與否，你現在要做的就是總結它們，為你的明天總結過去的經驗，形成正確的指導思想，並在這種思想的指導下，採取有效的行動，贏得你明天想要得到的東西。

　　人生下來就不是十全十美的，只有不斷地去學習、去總結，才能達到完美。每天睡前，靜靜地躺在床上，總結一下這天所發生的事，想想自己哪些做得很好，哪些需要改進，好的繼續發揚，不好的及時完善，這樣才能不斷進步，才能逐漸向目標靠攏。

　　其次，要堅信未來一定會成功。成敗，只代表過去，未來要靠現在。過去成功了，不等於未來還會成功；過去失敗了，也不等於未來就會失敗。成敗都不是結果，它只是人生過程的一個事件。人生最重要的不是你從哪裡來，而是你要到哪裡去。不論過去怎麼不幸，如何平庸，都不重要，重要的是你對未來必須充滿希望。只要你對未來保持希望，你現在就會充滿力量，充滿信心。

　　丹尼斯由 400 美金起家，炒賣成功，個人資產最高峰時達到 2 億美元，但丹尼斯最初入行時，也難免受到失敗的挫折。對於初嘗敗績的遭遇，且聽聽他的心聲。

　　記者：「請問你如何投入投機買賣行業的？」

丹尼斯:「中學畢業,我找到一份暑期工作,在期貨交易所擔任跑腿,傳遞買賣單據,經驗非常慘痛,每週薪資 40 美金,但我會在一小時內輸得一乾二淨。無論如何,我得到第一次參加炒賣學習的機會。」

記者:「聽說你在 21 歲之前,已經委託令尊帶你即市買賣?」

丹尼斯:「對,當時是 1968 ～ 1969 年,我尚未達到成年歲數,而家父擁有交易所會藉,正好擔任我的買賣手。」

記者:「成績如何?」

丹尼斯:「經常輸得一敗塗地。」

記者:「入行初期,經常輸錢,此段經歷是否值得珍惜?」

丹尼斯:「千金難得的經驗。第一次入行時籌碼很少,基本上無傷大雅;第二次失敗的經歷,可以作為以後買賣的警惕。可以說,最初開始炒賣時,成績越差,對你今後影響越好。」

記者:「換言之,初入行時成績太過出色,反而不妙?」

丹尼斯:「少時了了,大時未必同樣出色。」

記者:「為什麼?」

丹尼斯:「根據本人多年經驗,未經考驗的炒賣者,難以長期在投機市場立足。舉例來說,某人在黃金暴漲期,堅持有好倉獲暴利,以後就會一面倒看多黃金,傾向於固執的持有好倉,自然會影響炒賣成績。」

記者:「是否有其他實例?」

丹尼斯:「有,以 1973 年大豆的一面倒大升市為例。即使未曾在大豆市場得到好處的炒賣者,對該役的經驗亦非常深刻,不會輕易看空大豆。」

記者:「意思是,經驗不足,會受到影響,而傾向於一面倒看多大豆?」

丹尼斯:「對,當你不能冷靜分析走勢,而存有偏見時,自然不能出人頭地。」

記者：「總而言之，初入行時的失敗經驗，是成功的中途站。」

丹尼斯：「是的。」

丹尼斯的親身經驗和體會告訴我們，失敗往往比成功更可貴，只要善於總結失敗教訓，就能吸取過去經歷中的有益因素，為自己的明天迎來成功的契機。

總結是一種能力，缺少總結，很多東西在你生命中永遠只是過客。因此，應認真而全面地審視過去、定義自身，回視自己走過的路。這樣，在總結經驗教訓時，就可以明晰過去經歷中所有的暗示，從而準確地掌握現在，贏得未來。

想像力就是一切

想像力就是一切，它是生命將發生之事的預演。

—— 愛因斯坦

想像力是靈魂的工廠，每個人的成就都是在這裡鑄造的。

—— 史蒂芬·柯維

（Stephen Richards Covey，作家、思想家、潛能研究專家）

想像力，是在你頭腦中創造一個念頭或思想畫面的能力。在創造性想像中，你運用你的想像力，去創造你希望實現的事物的清晰形象，接著，你繼續不斷地把注意力集中在這個思想或畫面上，給予它肯定性的能量，直到最後它成為客觀的現實。

想像力的偉大，是我們人類比其他物種優秀的根本原因。因為有想像力，我們才能創造發明，發現新的事物定理。如果沒有想像力，人類將不會有任何發展與進步。愛因斯坦之所以能發現相對論，就是因為他經常保

持童真的想像力。牛頓能從蘋果落地，而想像到萬有引力這個科學的重大發現，都是因為有想像力。

　　生活中，人們經常會聽到這樣的話：「我太想成功了，可是我又沒有辦法。」好了，這個「想」字，就是我們非常關注的內容。為什麼有些人能心想事成，而有些人只能想入非非呢？這就是想像力的差別。只要你想像什麼，最終就可能得到它；如果你什麼都不想，當然什麼也不會得到。這是吸引力的基本原則。

　　窮人想擺脫困境，生活得更好，然後想發財、像小康人士那樣生活，最後又希望像富人那樣富有。小康人士也盼望發財致富，渴望有一擲千金的氣概。而富人則想成為全球頂尖巨富，或能攀上政壇高峰。當然，你也可能沒有致富之念，但你肯定有其他類似的欲望，你仍會時刻思索這樣的問題：如何才能獲得成功？

　　想像力通常被稱為靈魂的創造力，它是每個人的財富，是每個人最可貴的才智，其力量是無窮的。拿破崙曾經說過：「想像力統治全世界。」一個人的想像力，往往決定他成功的機率，想像力越豐富，越可能接近成功。

　　福特於 1863 年 7 月生於美國密西根州。他的父親是個農夫，覺得孩子上學根本就是一種浪費。老福特認為兒子應該留在農場做自己的幫手，而不是去念書。

　　自幼在農場工作，使福特很早便對機器產生興趣。他想用機器去代替人力和牲口的想像與意念，在幼年便初露端倪。

　　福特 12 歲時，已經開始構想要製造一部「能夠在公路上行走的機器」。這個意念，深深地扎在他的腦海裡，日日夜夜圍繞著他。

　　身邊的人都「勸導」福特，要他放棄那「奇怪的念頭」。他們認為福特的構想是不切實際的。老福特也希望兒子做農場助手，而不是一位機械師。

　　但令人驚奇的是，少年福特用一年多的時間，就完成人家需要三年的

機械師訓練，從此，老福特的農場便少了一位助手，但美國卻多了一位偉大的工業家。

福特認為世界上沒有「不可能」這件事。他花了兩年多的時間，用蒸汽去推動他構想的機器，用了兩年多，但卻行不通。後來，他在雜誌上看到可以用汽油氧化後形成燃料，以代替照明煤氣，觸發了他的「創造性想像力」，此後，他全心全意投入汽油機的研究工作。

福特每一天都在夢想成功地製造一部「汽車」。他的創意被大發明家愛迪生所賞識，愛迪生邀請他當底特律愛迪生公司的工程師，讓他有機會實現他的夢想。

終於，在 1892 年，福特 29 歲時，他成功地製造了第一部汽車引擎。1896 年，也就是福特 33 歲時，世界上第一部摩托車便問世了。

從 1908 年開始，福特致力於推廣摩托車，用最低廉的價格去吸引越來越多的消費者。今日的美國，每個家庭都有一部以上的汽車，而底特律則一蹴而就，成為美國的大工業城，成為福特的財富之都。

亨利‧福特在獲得成功後，成為人們推崇備至的人物。人們覺得福特是因為運氣，或者有成功的朋友；或者天才；或者他們所認為的、形形色色的福特「祕訣」── 這些東西使福特獲得成功，但他們並不真正知道福特成功的原因。

史蒂芬‧柯維博士說：「也許每 10 萬人中，有一個懂得福特成功的真正原因，而這少數人，通常又恥於談到這點，因為這個成功祕訣太簡單了。這個祕訣就是『想像力』。事實上，在一定程度上，只要能想到，就一定能辦到。」

總之，想像力是成功的第一規律，不怕做不到，只怕想不到，只要你勇於想像，就會獲得成功。吸引力法則的總原則「思想變成現實」，正是這樣要求的。

名人連結 —— 愛迪生　　　　　　　　　　　　　　　◇

　　湯瑪斯・阿爾瓦・愛迪生，美國發明家、企業家，被譽為「世界發明大王」。其一生的發明效率極高，僅從 1869～1901 年，就獲得 1,328 項發明專利。在他 84 年的人生中，平均每 15 天就有一項新發明。愛迪生充分運用了吸引力法則這個祕密，成就了自己高效能而偉大的一生。

　　愛迪生，1847 年 2 月 11 日生於美國俄亥俄州一個叫米蘭的小市鎮。父親是荷蘭人的後裔，母親曾當過小學教師，是蘇格蘭人的後裔。

　　7 歲時，愛迪生罹患猩紅熱，這種疾病是造成他耳聾的主要原因。愛迪生 8 歲上學，但僅僅讀了三個月的書，就被老師斥為「低能兒」而攆出校門。從此，他的母親成為他的「家庭教師」。

　　愛迪生 12 歲時獲得了一份列車售報員工作，常在列車上輾轉於休倫港和密西根州的底特律之間。有一次，當愛迪生力圖登上一列貨運列車時，一個列車員抓住他的兩隻耳朵助他上車。這一行動導致愛迪生徹底失聰。

　　1862 年 8 月，愛迪生以大無畏的英雄氣魄，救出一個在火車軌道上即將遇難的男孩。孩子的父親對此感恩戴德，但由於無錢報答，便教授愛迪生電報技術。從此，愛迪生便和這個神祕的電的新世界發生了關係，踏上科學的征途。

　　1863 年，愛迪生擔任電信報務員。1868 年，他獲得第一項發明專利權。這是一臺自動記錄投票數的裝置。愛迪生認為這臺裝置會加快國會的工作，它會受到歡迎。然而，一位國會議員告訴他，他們無意加快議程，有時慢慢投票是出於政治上的需要。這件事後，愛迪生決定，再也不做人們不需要的任何發明。

　　1869 年 6 月初，愛迪生來到紐約尋找工作。10 月，他與波普一起成立了「波普—愛迪生公司」，專門經營電氣工程的科學儀器。在這裡，他發明了「愛迪生普用印刷機」。他把這臺印刷機獻給華爾街一家大公司的經理，本想索價 5,000 美元，但又缺乏勇氣說出口。於是他請經理出價，而經理給了 4 萬美元。

　　愛迪生用這筆錢在紐澤西州紐瓦克市的沃德街建了一座工廠，專門製造各種電氣機械。他通宵達旦地工作，做出了諸如蠟紙、油印機等的發明，從 1872 ～ 1875 年，愛迪生先後發明了二重、四重電報機，還協助別人做成了世界上第一架英文打字機。

　　西元 1876 年春天，愛迪生又一次遷居，這次他遷到紐澤西州的「門羅公園（門洛帕克實驗室）」。他在這裡建造了第一所「發明工廠」，它象徵著「集體研究的開端」。1877 年，愛迪生改進了早期由貝爾發明的電話，並使之投入實際使用。他還發明了他心愛的一個項目 —— 留聲機。此時，愛迪生已被人們尊稱為「門羅公園的魔術師」。

　　愛迪生在發明留聲機的同時，經歷了無數次失敗後，終於獲得了對電燈研究的突破。西元 1879 年 10 月 22 日，愛迪生點燃了第一盞真正有廣

泛實用價值的電燈。為了延長燈絲的壽命，他又重新試驗，大約試用了 1,600 多種纖維材料，才找到了新的發光體 —— 日本竹絲，可持續 1,000 多個小時，達到了耐用的目的。這個發明是愛迪生一生中，達到的登峰造極成就。

關於發明電燈的艱辛過程，人們常這樣問愛迪生：「在試用了上千種纖維材料都不行的情況下，你是否覺得很失敗？你還堅信最終能找到合適的嗎？」對於此類質疑，愛迪生是這樣回答的：「至少我知道這 1,000 多種纖維材料不適合作電燈發光體。」

1929 年 10 月 21 日，在電燈發明 50 週年時，人們為愛迪生舉行了盛大的慶祝會，愛因斯坦和瑪里‧居禮等著名科學家紛紛向他祝賀。

愛迪生一生的工作是非常有效率的，共取得 1,328 項發明專利，他因此被人們譽為「發明大王」。

1931 年 10 月 18 日清晨，愛迪生帶著寬慰的微笑，遠離了人世，享年 84 歲。臨終時他坦然地說：「我為人類的幸福，已經盡力了；沒有什麼可遺憾的了。」愛迪生下葬的那天，全美國熄滅電燈一分鐘，以示哀悼。這是人們表達對愛迪生無限懷念之情的最隆重方式，也是人們獻給這位偉大發明家的一曲無言的頌歌。

第二節　你的祕密運用

在追求健康、財富、幸福的道路上，每個人都有自己的祕訣。堅持什麼、放棄什麼；發揚什麼、摒棄什麼；如何行動、何時行動；如何實現、何時實現……等，每個人都有自己獨到的體會和經驗。這就是你的祕密。

現在，在吸引力法則的作用下，為了成功和更有效地達到成功，你必須充分借鑑別人，將別人在成功方面的祕密吸引過來，為自己所用。

這些成功人士的成功祕訣，對任何人來說都是適用的，你也不例外。

告別過去

不管你過去獲得怎樣的成功，或是有怎樣刻骨銘心的記憶，都跟它們道別，因為你要追求更美好的未來。要實現這個目標，首先要做的就是告別過去，抓住現在，因為決定你未來的是現在，而不是過去。

—— 華萊士·沃特爾斯

吸引力法則需要你邁出的第一步就是「想」，現在就去想。它強調的是「現在」，想的是未來，跟過去無任何關聯。因為過去已成為歷史，它已經決定了你的現在，而你的現在正決定著未來。所以，如果你想充分發掘屬於自己的人生祕密，擁有一個美好的未來，首要前提就是告別過去。

現在有些人常把「如果」、「假如」之類的詞掛在嘴邊，於是過去的一切都成為他們的託辭。其實不論你是誰，做什麼事情，尤其是發展自己的強項，都不應局限於現在，更不應局限於過去。

不要總是回憶過去遭遇的種種窘境與不順，即使那些曾經對我們造成很大的傷害，此時也要完全拋開，想都不要想，更不要把這些事情時時掛在嘴上，記在心裡。不要向別人講述父母是多麼貧窮和窘迫，或自己的童

年生活有多麼艱難，沉湎於回憶貧窮或談論貧窮，只會在精神上將自己列入窮人的隊伍，給自己打上窮人的印記。這一切，只會壓抑自己對美好生活的憧憬，擊垮自己追求財富的信念。這就是吸引力在消極方面給你造成的巨大傷害。

不幸的記憶容易被刪除，輝煌的記憶卻總為人戀戀不捨。其實這也是不應該的。即使你過去十分成功，也不應有所留戀。留戀昨天的人，往往都是短視的人。他們只是一味地停留在昨天的輝煌裡，沾沾自喜、自以為是。由此，他們也經常陷入不思進取、裹足不前的泥潭。

1967 年，當瑞士研究人員提出他們的發明 —— 石英錶時，遭到瑞士本土眾多廠商的嘲笑和拒絕：這種新型手錶上沒有任何滾珠，沒有任何齒輪，沒有任何發條，這樣的東西怎麼可能配得上「手錶」的稱號呢？

當時，瑞士的眾多手錶製造商，對他們「昨天」的手錶，是那麼的有自信，甚至根本就沒對這種新想法加以保護。

後來，當瑞士的科研人員在手錶博覽會上展出這種手錶時，一位日本人從石英手錶展臺前走過，看了幾眼，回去後，很快批量生產，推向市場。由於石英錶價廉物美，很快就風靡全球。

歷史就這樣被日本商人改寫了。

瑞士商人由於不思進取、盲目自大，失去了再一次成功的機遇。想想這個教訓，我們要時刻提醒自己：昨天的一切已經過去，千萬別被昨天的成功擋住了自己的視線。

在這方面，瑪里·居禮（Marie Curie）為我們作出很好的榜樣。

1903 年 12 月，由於居禮夫婦的驚人發現，他們獲得了諾貝爾物理學獎。然而，他們卻極端藐視名利，瑪里·居禮甚至把英國皇家學會頒發的獎章，給孩子們當玩具。面對人們驚奇的目光，瑪里·居禮說：「榮譽只是一個人努力成果的紀錄，獎章就像玩具一樣，玩玩就是了，把它像神具

一樣奉守著，反而一事無成。」

這正是瑪里·居禮的過人之處。她知道「昨天」的真正含義。昨天是什麼？昨天只能代表過去。

然而不幸的是，許多人並不知道時間的意義，一味地沉迷於昨天的成功之中，他們被勝利沖昏了頭。殊不知，成功與失敗只有一牆之隔，他們在沉迷的同時，也一步步走向了失敗，終有一天，他們會落入失敗的井裡。

昨天猶如作廢的支票，未來訂單的兌現，需要你現在去填寫。所以，從現在開始，不論你過去是失敗的，還是成功的，跟它們說再見，好好把握現在和未來，這樣你才打開了祕密之門。

列出人生清單

人生訂單在開始時，給每個人的都是空白頁。你要向宇宙下訂單的話，就將你的理想和目標在上面寫下來。你想寫什麼就寫什麼，不要在乎別人的看法，永遠不要。你的生活由你創造，你的人生由你決定。

—— 尼爾·唐納德·沃爾什

（Neale Donald Walsch，作家、演說家、潛能研究專家）

思想是行動的基礎。

—— 柯羅連科

（作家、社會活動家）

生命清單，其實就是人生計畫，它是由一個個具體、必須付諸努力的目標群組合而成。它可以圍繞一個主題精心布局，亦可以涉及不同的領域和命題，最大程度地豐富生命。

作為個體生命自我覺醒意識的體現，「生命清單」是一種有序的、遵

循一定步驟的有益人生策劃。當然，由於主觀意識的差異和客觀條件的制約，並不是每個人都能洞察、預見自身的潛能和實際情況來制定整個人生的計畫，但針對人生某些時段的某些事，我們完全可以、也有必要，仔細地安排做事的程序和要點，以作為行動的依據和指南。

人生清單可以讓我們的人生更加明確，可以讓我們清楚地知道哪些已經做了，哪些還沒有做，哪些做了而沒有做好；人的記憶是有限的，清單不但可以發揮提醒作用，還可以用人生清單來記錄我們的人生目標過程……

更重要的是，人生清單上列舉的，是自己希望發生的、能帶給自己滿足感的美好東西。而美好東西又會吸引更多的美好，所以，一看到這些清單上的美好事物，你就會情不自禁地感到自信和快樂，這更有利於目標的實現。

時常「清理」一下自己的生活，幫自己列一份清單吧！親情的清單、愛情的清單、理想的清單……等，只要將它們列舉出來，時常關注它，吸引力法則就會帶給你一個個意想不到的美好結果。

遠在幾十年前，約翰·戈達德（John Goddard）就把他這一輩子想做的大事列了一個表。那時他 15 歲，是洛杉磯郊區一個沒見過世面的孩子。他把那張表題名為〈一生的志願〉。

表上列出了他的夢想清單：到尼羅河、亞馬孫河和剛果河探險，登上聖母峰、吉力馬札羅山和且維諾峰（馬特峰），騎大象、駱駝、鴕鳥和野馬，探訪馬可·波羅和亞歷山大一世走過的路，主演一部像《人猿泰山》那樣的電影，駕駛飛行器起飛降落，讀完莎士比亞、柏拉圖和亞里斯多德的著作，譜一部樂譜，寫一本書，遊覽全世界的每一個國家，結婚生子，參觀月球……他把每一項都編了號，共有 127 個目標。

16 歲那年，他和父親到了喬治亞州的奧克費諾基大沼澤（Okefenokee

Swamp）和佛羅里達州的艾弗格雷茲去探險，這是他首次完成了表上的一個項目。

　　他 21 歲時，已經到 21 個國家旅行過。22 歲剛滿，他就在瓜地馬拉的叢林深處發現了一座馬雅文化的古廟。同年他成為「洛杉磯探險家俱樂部」有史以來最年輕的成員。接著他籌備實現自己宏偉壯志的頭號目標 —— 探索尼羅河。

　　戈達德 26 歲那年，他和另外兩名探險夥伴，來到蒲隆地山脈的尼羅河之源。三個人乘坐一隻僅有 60 磅重的小皮艇，開始穿越 4,000 英里的長河。他們遭到河馬的攻擊，遇到迷眼的沙暴，和長達數英里的激流險灘，鬧過幾次瘧疾，還受過河上持槍匪徒的追擊。出發十個月後，這三位「尼羅河人」勝利地從尼羅河口劃入了蔚藍色的地中海。

　　尼羅河探險之後，戈達德開始接連不斷地加速完成他的目標：1954 年他乘筏漂流了整個科羅拉多河；1956 年探查了長達 2,700 英里的整個剛果河；他在南美的荒原、婆羅洲和新幾內亞與那些食人生番、割取敵人頭顱作為戰利品的人一起生活過；他爬上吉力馬札羅山；駕駛超音速兩倍的噴氣式戰鬥機飛行；寫了一本書《乘皮艇下尼羅河》；他結了婚並生了五個孩子。開始擔任專職人類學者之後，他又萌發了拍電影和當演說家的念頭，在往後的幾年裡，他透過講演和拍片，為他下一步的探險籌措資金。

　　他按計畫逐個實現自己的目標。59 歲時，他完成了 127 個目標中的 106 個。而且，他還獲得一個探險家所能享有的榮譽，其中包括成為英國皇家地理學會會員和紐約探險家俱樂部的成員。

　　59 歲的戈達德依然顯得很年輕，他不僅是一個經歷過無數次探險和遠征的老手，還是電影製作人、作者和演說家。他仍然把家安在加利福尼亞南部，和妻子住在一棟舊式平房裡。在屋裡，他悠閒地坐在那些乾縮的頭骨、銀製的匕首、閃亮的編織和充滿異國情調的工藝品之間，這些東西常

使他回憶起往日的探險生涯。

凡事豫則立，不豫則廢。人生清單，不只是安排先做什麼、後做什麼，更重要的是，它使我們樹立了一種精神理想和人生追求，為人生指引了方向。

你的未來，就是日後宇宙對你人生清單的兌現，如果你對自己做的、或將要做的事，沒有任何準備，就會必敗無疑。即使宇宙能實現你的任何「要求」，而你卻在訂單上隻字未寫，沒有半點「要求」，當然也就什麼都兌換不到。

思想指導行動

創造每時每刻都在發生，當一個人產生一種想法，或是一直保持常有的思維方式，他就已經處在創造過程中了，他所要求的東西、他的目標願望，就是這樣被創造或實現的。

—— 麥克‧柏納德‧貝奎斯

行動要保持正確性、目的性和有效性，需要思想的指導。思想是什麼？就是你頭腦中的想法，就是你為實現願望的行動計畫和方案。

向宇宙提出你的「要求」之後，就要在思想意識上形成相應的行動方案，這樣才能依照欲望強度、大小，決定各事項的順序。在這種決定順序的過程中，你不難發現，最適合自己的方向及所謂的「第一欲望」。

你所有的恐怖、不安及不吉利的預感，都是由你相信其他的力量和充滿惡意的力量造成的，這些都源於你思想意識的貧乏。

你所知道的唯一精神創造力，就是思考。當你理解到自己的思考創造能力，並意識到思考是活生生的東西時，便可以解脫一切束縛，從生活中的所有隸屬狀態中解放出來。

擁有科學思考的人，不會將力量給予四周的事物、人類及環境……。他們知道吸引力法則的祕密，他們明白自己的思考和情感，就是實現自己命運的力量，所以他們能夠安定、平衡及沉著。他們也知道，唯一的敵人，是對自己的否定和充滿恐怖的思考，所以，他們對一切人、事、物，都不會感到懼怕。

會思考的人，或以正確的思維方式去思想、去規劃引導自己行為的人，往往能巧妙地解決問題，理想願望的實現也變得十分容易。

有一個 14 歲的男孩，在報上看到招聘啟事，正好是適合他的工作。第二天早上，當他準時前往應徵地點時，發現隊伍已排了 20 個男孩。

如果換成另一個意志薄弱、不太聰明的男孩，可能會因此而打退堂鼓。但是這個男孩卻完全不一樣。他認為自己應該動腦筋，運用上帝賦予的智慧，想辦法解決困難。他不往消極面思考，而是認真用腦子去想，看看是否有解決方法。於是，一個絕妙方法產生了！

他拿出一張紙，寫了幾行字。然後走出行列，並要求後面的男孩為他保留位子。他走到負責招聘的女祕書面前，很有禮貌地說：「小姐，請你把這張便條紙交給老闆，這件事很重要。謝謝妳！」

這位祕書對他印象很深刻。因為他看起來神情愉悅、文質彬彬。如果是別人，她可能不會放在心上，但是這個男孩不一樣，他有一股強而有力的吸引力，令人難以忘記。所以，她將這張紙交給老闆。

老闆打開紙條，看後，笑著交還給祕書，她也把上面的字看了一遍，笑了起來，上面是這樣寫的：

「先生，我是排在第 21 號的男孩。請不要在見到我之前作出任何決定。」

你想他得到這份工作了嗎？你認為呢？像他這樣會思考的男孩，無論到什麼地方，一定會有所作為。雖然他年紀很輕，但是他知道如何去想、

如何去思考。他已經有能力在短時間內，抓住問題核心，然後全力解決它，並盡力做好。

實際上，人一生中會遇到很多諸如此類的問題。當你遇到問題時，一旦認真進行思考，便很容易找到解決辦法。

如何將模糊微弱的「願望」，轉變成清晰強烈的「欲望」，是掌握吸引力法則的重要一步。如果你能做到這一點，心中便會萌生一種力量，不斷驅使自己向前推進。

有一個著名的馬拉松運動員，在談到他成功的祕訣時說：「我有意將我長跑路線上的幾個地點記得爛熟，所以，每當我跑完一個里程時，我就在心裡想著下一個里程的名字，這樣，一段很長的路線，就被我在心裡分割成好幾段小里程，而我需要做的，就是全力跑完這些短的里程。」

日本人也主張每天努力改善一點點，他們認為，即使提高的步伐不能使你聞名世界，但不斷的點滴累積，卻一定有助於你做出更好的成績，和獲得成就感。

每天進步一點點，其實就是最適合完成目標的一種方式。

想獲得成功，最忌諱的就是思想一片空白，沒有目標、終日無所事事。思想指導行動，只要懂得控制自己的思想，便可以創造出促使自己成就一切的強烈欲望。

自信你能做到

你能吸引你想要的任何東西，是的，任何東西。如果你需要錢，你就能將錢吸引到身邊；如果你需要人，你就能將人吸引到身邊；如果你需要某一本書，你就能將這本書吸引到身邊。

—— 鮑伯・普克特

自信是邁向成功的第一步。

—— 愛因斯坦

運用吸引力法則的第一個步驟，就是「要求」。你想得到什麼，你想實現什麼，不管這個目標有多大，在常人看來有多麼不可思議，都無關緊要，只要它是你所期望的，那麼就向宇宙大膽的提出來。這就是自信。

一個人的成就，絕不會超出他自信所能達到的高度。堅強的自信，是成功的最大泉源，不論才能大小、天賦高低，成功都取決於堅定的自信心。相信一定能做到，事實上就能成功。反之，如果不相信自己，便從一開始就失敗了。

有一次，一個士兵騎馬幫拿破崙送信。由於馬跑得速度太快，在到達目的地之前，猛跌一跤，那馬就一命嗚呼了。拿破崙接到信後，立刻寫了回信，交給那個士兵，吩咐士兵騎自己的馬，快速把回信送去。

那個士兵看到拿破崙的坐騎身強體壯，被裝飾得無比華麗，便對拿破崙說：「不，將軍，我是一個平庸的士兵，實在不配騎這匹華美強壯的駿馬。」

拿破崙回答道：「世上沒有一樣東西，是法蘭西士兵所不配享有的。」

為什麼拿破崙能成為拿破崙，而士兵只是士兵？追根究柢，就是頭腦中的思想決定的。拿破崙說：「不想當將軍的士兵，不是好士兵。」他自信能當將軍，所以他當上了，後來還當了帝王，遠遠超過將軍。士兵呢？連匹駿馬都覺得不配享有，所以終難擺脫士兵的命運。自己都不相信自己能當上將軍，別人又怎麼會相信你能當好將軍呢！

吸引力法則總是在不斷暗示，你的無窮力量就蘊藏在你的思想裡，如果你擁有自信，向宇宙下達任何你想要的訂單，那麼，這些訂單便一定會兌現。

　　2001 年，美國一位名叫喬治‧赫伯特的推銷員，成功地把一把斧頭推銷給小布希總統。布魯金斯學會得知這個消息後，把刻有「最偉大推銷員」的金靴子頒發給了他。這是自 1975 年該學會的一名學員成功把一臺微型答錄機賣給尼克森總統以來，又一名學員獲此殊榮。

　　布魯金斯學會創建於 1972 年，以培養世界上最傑出的推銷員著稱於世。它有一個傳統，在每期學員畢業時，設計一道最能檢驗推銷員能力的實習題，讓學生去完成。柯林頓當政期間，他們出了這道題目：請把一條內褲推銷給現任總統。8 年間，有無數個學員為此絞盡腦汁，可是，最後都無功而返。柯林頓卸任後，布魯金斯學會把題目換成：請將一把斧頭推銷給布希總統。

　　鑑於前 8 年的失敗與教訓，許多學員知難而退。個別學員甚至認為，這道畢業實習題，會和柯林頓當政期間一樣，毫無結果，因為當今總統什麼都不缺，再說即使缺少，也用不著他親自購買；再退一步說，即使他親自購買，也不一定正趕上你去推銷的時候。

　　然而，喬治‧赫伯特卻做到了，且沒有花多少工夫。一位記者在採訪他時，他是這樣說的：「我認為，把一把斧頭推銷給小布希總統是完全可能的。因為，布希總統在德克薩斯州有一個農場，那裡種著許多樹。於是我寫了一封信給他，說：『有一次，我有幸參觀您的農場，發現那裡種著許多矢菊樹，有些已經死掉，木質變得鬆軟。我想，您一定需要一把小斧頭，但是從您現在的體質來看，小斧頭顯然太輕，因此您仍然需要一把不甚鋒利的老斧頭。現在我這裡正好有一把這樣的斧頭，它是我祖父留給我的，很適合砍伐枯樹。假如您有興趣的話，請照這封信所留的位址，給予回覆……』最後他就匯來了 15 美元。」

　　自信心對事業簡直是一種奇蹟，有了它，人的才幹才可以取之不盡，用之不竭。一個沒有自信心的人，無論能力有多強，也無法達到應有的高

度，甚至原本輕易就能做到的事，也會變得無比艱難。

相信自己能做到，會在內心產生一種巨大的力量，這種力量會吸引一切積極的因素，你不會懷疑自己是否在合適的位置上，不會懷疑自己的能力，更不會擔心自己的未來，你已用信心給人生撐出了一片燦爛的天空。

現在就去做

宇宙從來都喜歡快速的行動。因此，不要拖延、不要猜疑、不要躊躇不前，只要有機會、有欲望、有內在思想意識的推動，就立即行動。行動是你的本職任務，也是你所要做的全部。

—— 喬·維托
（作家、行銷專家）

想得好是聰明，計劃得好是更聰明，做得好是最聰明又最好。

—— 拿破崙

很多人都有成功的欲望，也有創業的熱情與夢想，但永遠沒有行動。他們的每一個夢想聽起來都很美好，也熱衷於談論，甚至將它們當作口頭禪，是一種對日復一日、枯燥貧乏生活的安慰。然而，他們卻很少認真地去嘗試實現理想。

實現理想目標的祕密是什麼？是行動，是在思想指導下的不自覺、忘我的行動。如果你想運用這個祕密，那好，現在就去做。

不要忘記，你是一塊「磁鐵」，能將一切東西吸引到身邊。一旦你明瞭心裡確切想要的事物，你就會成為吸引這些事物的磁鐵，同時，它們反過來也會對你產生磁性。你越是行動，就越會體驗到吸引力法則將事物吸引到你身邊的事實，由此，你就越會成為更巨大的磁鐵，你的理想目標就會源源不斷的實現，即使它們也在逐漸增大。

　　磁鐵吸引事物是一種特性、一種不自覺的習慣，行動也應成為一種習慣。

　　心理學家兼哲學家威廉‧詹姆斯（William James）說：「種下行動就會收穫習慣；種下習慣便會收穫性格；種下性格便會收穫命運。」意思是，習慣造就一個人，你可以選擇自己的習慣，在使用自動自發的座右銘時，你可以養成自己希望的任何習慣。

　　所以，只要一息尚存，在說過「現在就去做」以後，就必須身體力行。無論何時必須行動，當「現在就去做」的思想從你的潛意識閃到意識裡時，你就要立刻行動，而且要養成習慣，先從小事練習「現在就去做」，這樣，你很快便會養成一種強而有力的習慣，在緊要關頭、或有機會時，便可以「立刻掌握」。

　　不要拖延：先做了再說。如果你有個電話要打，可是你總是拖拖拉拉，而事實上你已經一拖再拖。如果這時那句「現在就去做」從你的潛意識閃到意識裡：「快打呀！」請你立刻就去打電話。或者，你把鬧鐘定在早上六點，可是當鬧鐘響起時，你卻覺得睡意正濃，於是乾脆把鬧鈴關掉，倒頭再睡。如果這種情況繼續下去，你將來就會養成習慣。假如你的潛意識把「現在就去做」閃到意識裡，你就不得不立刻爬起來。為什麼？因為你要養成「現在就去做」的習慣。

　　威爾斯先生就因為學到做事的竅門，而成為一位多產作家。他絕不讓靈感白白溜走，想到一個新意念時，他立刻記下。這種事有時候會在半夜發生，沒關係！威爾斯立刻開燈，拿起放在床邊的紙筆，飛快地記下來，然後繼續睡覺。

　　許多人都有拖延的習慣。因為拖拖拉拉錯過了火車、上班遲到，甚至更嚴重 —— 錯過可以改變一生、使自己變得更好的良機。

　　所以，要記住：「現在」就是行動的時候。如果下定決心現在就去

做，往往會使你最期望的夢想得以實現。史蒂芬正是如此。

史蒂芬非常喜歡打獵和釣魚，他最喜歡的生活，是帶著釣魚竿和獵槍步行到森林裡，過幾天以後再回來，筋疲力盡，滿身汙泥而快樂無比。

唯一不便的是，他是個保險推銷員，打獵、釣魚太花時間。有一天，當他依依不捨地離開心愛的釣魚湖，準備打道回府時，突發奇想：在這荒山野地裡，會不會也有居民需要保險？那他不就可以同時工作，又在戶外逍遙了嗎？結果他發現果真有這種人，他們是阿拉斯加鐵路公司的員工。他們散居在沿線 50 公里各段路軌的附近。他可不可以沿著鐵路，向這些鐵路工作人員、獵人和淘金者推銷保險呢？

史蒂芬就在想到這個主意的當天，開始積極計劃。他向一個旅行社打聽後，就開始整理行裝。他不肯停下來讓恐懼乘虛而入，自己嚇自己會讓自己的主意變得荒唐，以為它可能失敗。他也不左思右想找藉口，只是搭上船，直接前往阿拉斯加的「西湖」。

史蒂芬沿著鐵路走了好幾趟，那裡的人都叫他「走路的史蒂芬」，他成為那些與世隔絕的家庭最歡迎的人，因為沒有人願意跟他們打交道，他卻前來拉保險。同時，他也代表了外面的世界。不但如此，他還學會理髮，替當地人免費服務；他還無師自通地學會了烹飪。

由於那些單身漢吃膩了罐頭食品和醃肉，他的手藝當然使他變成最受歡迎的貴客了。而在此同時，他也在做一件自然而然的事，正在做自己想做的事：倘佯於山野之間、打獵、釣魚，且像他所說的 ——「過史蒂芬的生活」。

在人壽保險事業裡，對一年賣出 100 萬元以上的人，設有光榮的特別頭銜，叫「百萬圓桌」（MDRT）。在史蒂芬的故事中，最不平常而使人驚訝的是：在他把突發的念頭付諸實行；在動身前往阿拉斯加的荒原；在沿線走過沒人願意前來的鐵路以後，他在一年內，就做成了百萬元的生意，

因而贏得「圓桌」上的一席地位。假如他在突發奇想時，對做事的祕訣有半點遲疑，這一切都不可能發生。

可見，「現在就去做」會影響你生活中的每一部分，它可以幫助你去做該做而不喜歡做的事；在遭遇令人厭煩的職責時，它可以教你不推拖延遲。它也能像幫助史蒂芬那樣，幫你去做你「想」做的事。它會幫你抓住寶貴的剎那，這個剎那一旦錯過，很可能永遠不會再碰到。

請記牢這句話：現在就去做！這是你的本職，也是實現夢想的全部。

調動一切積極因素

吸引力法則總是如約而至。當你想著某個東西，並將心思全部專注在它上面時，吸引力法則就會準確無誤地將這個東西帶給你，不管這個東西是好的，還是壞的。必須牢記，吸引力法則對你的「要」和「不要」並無偏向，它只是回應你所想的，所專注的。

—— 麗莎·尼可斯

我們要鼓足勇氣！不論現在有人要怎樣與我們為難，我們的前途一定美好。

—— 雨果

吸引力法則告訴我們，成功吸引更多的成功，失敗帶來更多的失敗。這即是說，為成功而努力，你會更有能力邁向成功；如果你什麼也不做，便只會坐等失敗，甚至遭受更多的失敗。

以積極心態發揮你的思想，並相信成功是你的職責和權利，你的信心就會成就你所制定的任何目標。如果在無法立即得到回報的情形下，你仍能以一種自願且愉快的態度提供更多服務，這就是在培養你積極且愉悅的心態，而這正是調動一切積極因素的基礎。

當你培養出這種良好的心態時，幾乎所有人都會樂意依照你的意願為你工作。所以，你希望別人如何對待你，就以相同的態度對待對方。多多動用「己所欲，施於人」的金科玉律，如果對方沒有立即給你回報，你就再接再厲，堅持這種心態。

你要不斷發掘自己的積極因素，要堅持對自己說：

—— 別人知道我是可以信賴的。

—— 我有勇氣。

—— 我是個靠得住的人。

—— 我很願意使別人高興。

成為積極或消極的人，全在自己的抉擇。沒有人與生俱來就會表現出好的或不好的態度，是你自己決定要以何種態度看待你的環境和人生。即使面臨各種困境，你仍可以選擇用積極的態度去面對眼前的挫折。

保持一顆積極、樂觀的心，盡量發覺周圍人和事最好的一面，從中尋求積極的看法，你會獲得前進的力量。

如果你剛進入工作崗位不久，相信你對工作之初的那段經歷，會發出會心而苦澀的一笑。的確，絕大多數初出茅廬的年輕人，都有過這種經歷：被置於不受重視的部門，做打雜跑腿的工作，無端的批評、指責、代人受過，得不到必要的指導和提攜……總之，那是一段很不愉快的日子。

其實，生活中不可能沒有困境和挫折。成功者和失敗者恰恰就在這裡分道揚鑣。失敗者遭遇困境和挫折，會沉淪下去；成功者則會調動一切積極因素，走出這個陷阱。

美國聯合保險公司有一位推銷員，名叫亞蘭。亞蘭想成為這個公司的明星推銷員。他努力應用他在勵志書籍和雜誌中所讀到的積極心態原則。

寒冬的某天，亞蘭在威斯康辛州一個城市的街區裡推銷保單，卻沒有

做成一筆生意。雖然對這樣的表現很不滿意，但亞蘭並沒有氣餒，而是選擇用積極的心態，將這種不滿，轉變為一種勵志的動力。

他記起他所讀過的書，決定應用它們所提出的原則。第二天，當從辦事處出發時，他向同事們講述了前天所遭遇的失敗，接著他說：「等著瞧吧！今天我將再次拜訪那些顧客，我將售出比你們售出的總和還要多的保單。」結果他確實做到了，同時也因業績突出而被提升為銷售經理。

這的確是一張不小的成績單。亞蘭在風雪中穿街過巷，跋涉了 8 個小時，沒有賣出一張保單，但第二天仍能創造良好的銷售業績，這就是因為他選擇了積極的心態。

許多成功者看起來都有一個共同點：他們有能力使用「積極心態」的力量，成功總會以某種神祕莫測的方式，如期來到他們身邊。這種神祕莫測的無形力量，其實就是吸引力法則中發揮作用的吸引力，只要你夠積極，你也會具備這種神奇的力量。

堅定理想

生命的路途就像夜間行車，車燈能照亮前方四、五十公尺的距離，走完這段距離，下一段四、五十公尺又呈現在我們眼前，然後又是下一段……生活就是這樣不斷的開展下去。你要的所有東西都在路的盡頭，它會帶你到達目的地，你所要做的，就是堅定自己的「要求」。

—— 傑克‧坎菲爾（作家、成功學家）

即使把我關在果殼之中，我仍自認為是無限空間之王。

—— 莎士比亞

吸引力法則能實現你的一切願望，它會逐漸將你引領到實現的終點。至於這個過程，你就無需關注了。就像你不太清楚電流的原理、電磁訊號

的原理，但你肯定知道它們能通電，能發送、接收訊號。你要做的就是堅信這個結果，堅信你對宇宙的「要求」一定會有實現。

也許你的「要求」及所作所為，會引來周圍那些並不了解你的人的冷嘲熱諷。他們會說你驕傲自大，以自我為中心，或者說你自私自利……等。

對此，你完全不必在乎。那些人只是想嘲笑你——他們不會在你前進的道路上扔石頭，也不會阻礙你實現「要求」的腳步。因為你的「要求」從發出開始，所有的宇宙力量都在回應你發起的思想，為實現你的「要求」，宇宙已經開始重新調整。而那些了解你的人，通常會真誠的幫助你——他們會熱心地在你需要的時候出現。這正是吸引力在發揮作用。

所以，不管面對何種境況，你都要堅定自己的理想，堅持自己對宇宙的「要求」，堅信你必會實現它。

有一個懷抱遠大理想的年輕人在雜貨店工作，他生性怯弱，不善言談。雜貨店老闆常常不屑地說：「弗蘭克，你是我見過最沒用的銷售員！」

一次，老闆把他單獨留在店裡：「弗蘭克，你看見這些盤子了嗎？還有這些刀子和刷子！今天你要獨自把它們賣出去。」

為了避免與顧客單獨打交道，他想出一個「笨」方法，他在每個商品上貼一張小紙片，上面注明老闆要求的最低售價；小商品乾脆就堆在桌子上，旁邊立一塊牌子：「一律五美分」。結果出乎意料，商品賣得非常走俏。

這次成功鼓舞了弗蘭克，更堅定了他在零售行業的理想。1879 年，弗蘭克借了 300 美元，在賓夕法尼亞州開了一家自己的商品零售店，賣的全是五美分的貨物。後來，他的五美分連鎖店遍布美國、英國、加拿大等國家和地區。

　　1913 年，他在紐約興建了一棟樓高 238 公尺的大廈，當時的美國總統威爾遜親自參加剪綵儀式。這就是當時的世界第一高樓 —— 伍爾沃斯大廈。1996 年，他創立的連鎖店數量成為世界之最，達 8,000 多家。

　　這個曾不名一文而創造奇蹟的人，叫弗蘭克‧W‧伍爾沃斯（Frank Winfield Woolworth）。他是現代商業的「鼻祖」，他的經營理念就是：明碼標價、薄利銷售、連鎖經營。

　　伍爾沃斯連鎖成立初期創造的零售神話，就是因為它的創始人 —— 弗蘭克‧W‧伍爾沃斯從雜貨店銷售員做起，一直堅定不移地追尋自己的理想。也許在常人看來，這是不可能實現的「要求」，但在伍爾沃斯本人看來，一切似乎都是注定的，他從不懷疑自己的「要求」不會實現。

　　伍爾沃斯的故事告訴我們，只有始終堅定理想的人，才能做別人不敢做的事，做別人想不到的事，才能最終有所成就。不管這個理想對當前的你來說，是多麼的不可能，只要你堅定，你就能做到，你就能實現。

成功是一種心理行為

　　你必須「感覺美好」，這十分重要。因為這種「感覺美好」，就是你發射到宇宙中的訊號，它會吸引更多同樣美好的事物給你。所以，你越能感覺美好，就越能吸引更多有助於你感覺美好的事物。

—— 喬‧維托

　　只有情感，而且是大的情感，才能使靈魂達到偉大的成就。

—— 狄德羅

　　人人都在追求成功。然而，歷盡嘗試後，許多人都失敗了，只有極少數人獲得成功，這究竟是什麼原因呢？

　　大多數人之所以失敗，並不是因為他們欠缺智力。成功心理學家研究

發現：從工商巨富、軍政要人，到各界明星、科學家、藝術家，一個人事業上的成功，並不單純是智力行為，更重要的是心理行為，一種思想意識的吸引力產生的後果。

戴爾‧卡內基調查了社會各界名人之後，認為一個人事業上的成功，只有 15％取決於他們的學識和專業技術，而 85％靠的是心理素養。詹納（Caitlyn Jenner）是 1976 年奧運會十項全能金牌的獲得者，他從體育比賽的角度，也作了類似的表述：「奧林匹克比賽對運動員來說，20％是身體方面的競技，80％是心理上的挑戰。」

科學研究發現，幾乎每個人都有發展自己、使自己獲得巨大成就的智慧。然而不幸的是，很少有人知道怎麼開發自己的智慧（不等於智力）、才能和創造力的巨大寶藏，因此，許多人只能成為生活中的平庸者。

一個人心理素養的好壞，最容易從他應付挫折的方式看出來。

1989 年，一位日本青年報考一家公司，公布考試結果，他名落孫山。得知消息後，他深感絕望，頓起輕生之念。幸而搶救及時，自殺未遂，這時忽然傳來消息，說他被錄用了，原來是統計出了差錯。

實際上，他的考試成績名列榜首。但很快又傳來消息，說他已被公司解聘。理由是：連如此小小的人生打擊都無法承受，又怎能在今後艱難曲折的奮鬥之路上建功立業呢？這個故事告訴我們：心理素養太差，僅學習優秀，是很難有所作為的。

心理素養差，在面臨困境時，就容易被消極悲觀的思想主導，吸引來的結果也只能是更消極的。如果一個人的心理素養太差，又沒有得以及時矯正，任其發展下去，即使是十分優秀的人，最終也難以實現自己的理想目標。

可見，心理狀態是否健康、完整，很大程度決定著一個人的命運。誰的心理素養能夠適應時代發展的需求，吸引力法則就會引導他走向成功，他就會成為生活中的佼佼者，擁抱幸福人生；誰的心理素養差，不能跟上

時代變化的步伐，吸引力法則就會帶著他偏離理想軌道，他就會走向失敗，成為生活中的落伍者，成為悲劇性的人生角色。

一名海外作家的小說《船》，向我們講述了心理素養與幸福人生之間關係的典型故事。這部小說生動地描寫了當今社會走向現代化的歷史潮流中，兩個家庭、兩代人之間的起伏盛衰和悲歡離合，實質上反映的是兩個年輕大學生的心理素養，對他們各自人生的重大影響。讀後引人深思。

大銀行家的兒子杜加文，是一名英俊聰明、風流倜儻的大學生。他有闊綽的家庭，有靈活的頭腦，本來是大有前途的。然而可悲的是，在社會走向現代化的變革過程中，他的心理發展狀況落伍了。他覺得，現代化就是現代的穿著、現代的舞姿、現代的玩樂加現代的羅曼蒂克。他的心裡仍停留在「現代享樂派」的狀態之中，完全背離現代化的正確軌道。在這條道路上，他越來越不能適應現代社會的發展。開始是女友離去，後來他又沉醉於遊樂、賭博，將萬貫家財輸光，將父親氣死，落得妻子病死、兒子流浪街頭、自己也死於賭徒刀下的可悲結局……

而另一名大學生紀遠，雖然家庭經濟並不寬裕，沒有支持他發展的充足財力，但是，他自己卻深感生活於現代，必須有現代人的氣質、能力和精神特質。於是，他下決心刻苦攻讀，熟悉社會，磨練自己的性格和心理承受力，增加對現代化社會的各種適應能力。在這種「進取型」心理的鞭策下，他在社會激烈的轉變過程中，越來越主動，逐漸成為強者和幸運兒，享受幸福而充實的人生。

同樣是活在社會變革時代的兩個大學生，一個成為時代的佼佼者和寵兒，擁有奮進、快樂、幸福的人生；一個卻淪為時代的棄子，只有墮落、頹喪，走向滅亡的人生。造成差距的根本原因在哪裡？在於心理狀況的差異──杜加文的「享樂型」心態，不能適應時代變革的需求，因而必然被時代淘汰；紀遠的「進取型」心態，正是在時代變革過程中，必須具備

的優良心理特質，因此他成為時代的寵兒，擁有幸福的人生。

　　所以，想具備成功的心理素養，就需要保持積極進取的心態。你要始終「感覺美好」，感覺自己的理想目標一定會實現，然後在這種積極思想的主導下，邁出你前進的腳步，你會逐漸吸引更多能使你「感覺美好」的事物，你會離理想目標越來越近。

堅持就是勝利

　　人們相信了一段時間，甚至還成為擁護者。他們說：「這個法則深深吸引了我，我要透過它來改變自己的人生。」但他們期望的結果一直沒有出現。終於，他們再也無法忍受這種毫無動靜的情況了，就說：「這個法則一點用都沒有。」其實這時，你的「要求」即將破土而出。

—— 詹姆斯·亞瑟·雷

（James Arthur Ray，演講家、成功學家）

　　我從不懷疑人們，不管是男人還是女人 —— 只要他們和我同樣地堅持努力，培養同樣的信心和希望，他們也能做到我所做到的一切。

—— 甘地

　　成功的路上布滿荊棘，一個人想做成大事，就要不畏艱難，嘗試、嘗試、再嘗試，要堅持下去，直到成功。

　　一個人做一點事並不難，難的是持之以恆地做下去。許多人起初都能付諸行動，但隨著時間的推移，難度的增加以及氣力的耗費，多數人便從思想上開始產生鬆勁和畏難情緒，接著便停滯不前，以至退避三舍，最後放棄了努力。

　　吸引力法則也是如此。很多人一開始都很信服，然而過了一段時間，仍不見效果後，他們就開始堅持不下去、開始有所懷疑了。

　　一旦心裡產生懷疑的思想，吸引力法則馬上就會安排一系列的懷疑出現。接著，你就會對你的理想目標產生矛盾情緒，進而，消極悲觀的思想向你湧來，使你逐漸偏離正確軌道。

　　這時，應該及時排解懷疑。當懷疑的思想到來時，立即釋放它，用「我知道我正在實現它」、「我知道它正在到來的路上」等來取代它，用堅持來取代。

　　人之所以淺嘗輒止、半途而廢，對理想目標產生懷疑，主要原因是人天生就有一種難以擺脫的惰性。當他在前進的道路上遇到障礙和挫折時，便會灰心喪氣、畏縮不前。這就像走路一樣，人總是願意走下坡路而不願意走上坡路。走下坡路省力，於是人總是不由自主地選擇下坡路。這就是人之所以常常見到困難就繞著走的原因。

　　往最省力的方向想，或喜歡走下坡路，對走路無關緊要，但對人生理想來說，卻是一種致命的缺陷，因為這樣一來，遠大的目標就無法實現了。許多人之所以沒有收穫，主要原因就是，在最需要下力氣、花工夫，毫不懈怠地堅持下去時，他卻停止努力。省力倒是省力，成功卻從此與他無緣了。其實，這時往往是理想正欲破土而出之際。

　　平庸者和傑出者，其不同之處在於是否懷疑目標，是否為目標堅持奮鬥。堅持下去就是勝利，半途而廢則前功盡棄。馬拉松賽跑，最初參加競賽的人，可說成百上千，但跑了一段路程之後，參賽的人便漸漸減少。原因就是，堅持不下去的人，逐漸自我淘汰了，且越到後面人越少，全程都跑完、能夠衝刺的人更少，獎牌實際上就是在這些堅持到最後的人當中產生的。

　　馬拉松賽跑，與其說是比速度，不如說是拚耐力，也就是看誰堅持到最後。做任何事情都和賽跑一樣，成功與失敗往往只是一步之差，產生決定性作用的，只是最後那一瞬間。誰堅持到最後，誰就是最後勝利者。

1987 年，美國職業籃球聯賽開始之初，洛杉磯湖人隊面臨重大挑戰。在前一年，湖人隊有很好的機會可以贏得寶座，當時所有球員都處於巔峰，可是決賽卻輸給波士頓的塞爾提克隊，這使教練帕特・萊利（Pat Riley）和所有球員都極為沮喪。

帕特為了讓球員相信自己有能力登上寶座，便告訴大家：「只要能在球技上進步 1%。整個賽季便會有出人意料的好成績。」

1%的進步似乎是微不足道的，可是，如果 12 個球員都進步 1％，整個球隊便能比以前進步 12％，湖人隊便足以贏得冠軍寶座。結果，在後來的比賽中，大部分球員進步很大，這一年居然是湖人隊奪冠最容易的一年，且在下一年，湖人隊再次奪回了總冠軍寶座。

日本企業之所以會有今天的風光，有很大原因是得益於美國品質大師戴明（William Edwards Deming）的指導，他們追求品質的決心，發揮了相當大的作用。他們經常把一個詞掛在嘴邊，這個詞就是「改善」，在日語裡有「沒有休止」的意義。

事實上改善有個原則，就是逐步慢慢地改進，哪怕這種改進是多麼地微不足道，只要每天都有小小的進步，長久累積下來，就有驚人的成就。成功快樂的人生，便得益於不斷成長、不斷拓展的信念。

許多人做事時，最初都能保持旺盛的鬥志，在這個階段，普通人與傑出者是沒有多少差別的。然而到最後一刻，頑強者與懈怠者便各自顯現出來，前者咬牙堅持到勝利，後者則喪失信心、放棄努力，於是便得到不同的結局。

許多失敗者的悲劇，就在於被前進道路上的迷霧遮住眼睛，他們不懂得堅持一下，不懂得再前進一步，就會豁然開朗。結果在勝利到來前的那一刻，自己打敗了自己，失去了應有的榮譽。

當然，最後的那一段路，如同攀登聖母峰，總是異常難走，但正是由

於充滿艱險，才使它後面的風光非同尋常，才使一個人的生命達到輝煌的境界。

每個想做一番事業的人，都不應放棄最後的努力，不應在成功到來之前，喪失拚搏的勇氣。相信在這片刻的堅持之後，宇宙就會將你的「要求」呈現在你面前。

一切皆有可能

你能擁有一切你想要的東西，只要你知道如何在思想裡塑造它的雛形。充分運用思想的創造力，你的一切夢想都能實現。

—— 羅伯特·克里爾

（Robert Collier，作家、成功學家）

在我的字典裡，沒有「不可能」這樣的字眼。

—— 拿破崙

有一句著名的廣告詞：「一切皆有可能」，其含義是鼓勵人積極向上，自強不息，透過不懈努力，去爭取好的結果。

吸引力法則也是如此。從一開始，吸引力法則要你發出「要求」，不斷感覺它正在到來，到最後宇宙實現你的「要求」，這個法則都在強調，不論你的願望有多大，不論你想要的是什麼，只要你向宇宙發出請求，你就會實現它。在這個法則面前，沒有天馬行空的想像，一切皆有可能。

舉世聞名的潛能激勵大師，著名暢銷作家拿破崙·希爾在年輕時，用多年累積的錢，買了一本字數最多、內容最詳盡的字典。對如此珍惜的東西，他拿到後的第一件事，就是翻到「Impossible」這個字，隨即剪掉、丟棄。他說，在我的字典裡，絕不要出現「不可能」這個字，我的一生也永遠不會有不可能完成的事。

是的，人生中的每一件事都是如此，可能與不可能只是一線之隔，那就是從思想意識上徹底改變自己，不輕易使用「不可能」這個字，要多試試「可能」，透過努力，凡事皆有可能。

歐巴馬出身在平民家庭，從小命途多舛。生父是非洲肯亞黑人，母親是美國中部堪薩斯州一個平民家庭的白人，兩人 1960 年結婚時，美國還有一半的州在法律上禁止不同種族通婚。

歐巴馬的父母離婚後，母親再嫁給一個印尼人，他又隨母親遠走天涯，在印尼度過了自己的童年。在那裡，他遭受有生以來的第一次種族歧視，為他的成長蒙上了一層陰影。

1971 年，歐巴馬的母親又和繼父離異，10 歲的歐巴馬獨自返回美國，與外祖父母住在一起。1982 年，他的父親老歐巴馬在肯亞死於車禍。1995 年，歐巴馬的母親因卵巢癌逝世。

幼年的歐巴馬遭遇一系列不幸，然而，這並未阻止歐巴馬追逐夢想的腳步。他篤信林肯「分裂之家不能持久」的宣言，他要為這個信仰奮鬥下去。

1988 年，歐巴馬進入哈佛大學法學院就讀，1991 年獲得法學博士學位後，返回芝加哥當律師。1997 年，歐巴馬進入政壇，當選伊利諾州參議員，並連任 8 年。2004 年 11 月，他在國會選舉中，當選伊利諾州聯邦參議員。2007 年 2 月，歐巴馬正式宣布競選總統。

競選初期，歐巴馬的處境十分艱難：資金缺乏，人手不足，沒有任何背景，甚至連競選辦公的場所都是那麼的簡陋。誰也不知道，這張稚嫩的黑色臉孔，到底能走多遠。

然而，一切皆有可能。堅強的歐巴馬並沒有讓人失望。接下來，他創造了一個又一個的奇蹟：

在民主黨內的初選中，和希拉蕊・柯林頓（Hillary Clinton，前美國總

統柯林頓的夫人）相比，歐巴馬年僅 47 歲，只有 3 年聯邦參議員的淺薄政治資歷。他口中也只有模糊不清的改革口號。但最終，他還是打敗了呼聲最高的希拉蕊，成為民主黨參選總統提名人。

在黨外競選中，歐巴馬和馬侃（John McCain）展開了激烈角逐。歐巴馬穩紮穩打，不斷搶攻共和黨根據地。堪薩斯州、密蘇里州、北卡羅來納州、維吉尼亞州等曾經是共和黨布希的票倉，但現在，他們都把票投給了歐巴馬。歐巴馬的「吸金」能力也達到不可思議的地步。他共為大選籌得數億美元，宣傳覆蓋率是馬侃的 4 倍。有美國學者表示，在大選宣傳上，還從未見過如此一邊倒的情形。

最終，歐巴馬在大選以 338 票對 156 票的絕對優勢，擊敗了共和黨總統候選人馬侃，當選為第 56 屆美國總統。

歐巴馬獲勝創造了多項紀錄。他是美國建國 200 多年來的第一位非裔總統；是美國歷史上當選時，年齡第五年輕的候選人，僅次於羅斯福、甘迺迪、柯林頓和格蘭特。歐巴馬還成為 1976 年自卡特之後，第一位普選票超過半數的候選人，並由此改變了美國大選的政治版圖。

歐巴馬沒有萬貫家財，更沒有顯赫的家族蔭庇，但他卻從社會底層崛起，為主流白人政治圈中的黑人領袖。他被視為「甘迺迪第二」，和實現馬丁・路德・金恩「夢想」的最佳人選。這個扛著「改變和希望」大旗的年輕政治家，他的經歷和內心世界，其實超越眾多美國人思維的象限。

歐巴馬之所以能達到這樣的高度，獲得如此偉大的成就，就是因為他相信：一切皆有可能。

他在競選獲勝後的演講中不斷重複、強調的一句話就是：「Yes, we can!」他說：「我小的時候，父母離異。現在我，一個黑人要競選美國總統。有人說我天真，腦袋飄在雲裡。但我並不是坐在那裡被動等待。我理解改變的艱難，但每一個有意義的改變，都是因為人們對之寄以希望。總

有人說我們不可能做到，我們不可能贏，我們不可能進行一場積極的競選。我們要證明這些假設是錯誤的。」他真的做到了這一切。

是的，每個人都有自己的夢想。不論白人還是黑人；不論窮人還是富人；無論他們還是我們，都有自己的夢想，都想實現自己的夢想。歐巴馬的當選為我們追逐夢想，實現自我，開創了教科書式的藍圖。

心有多大，未來就有多大。貧民可能成為富翁，富翁不一定永遠是富翁，當你最初以為只是一根稻草時，一旦抓住了，就有可能成為一顆參天大樹，因為一切皆有可能。

名人連結 —— 寇帝斯　　　　◇

　　約翰‧寇帝斯（John Coutis），澳大利亞著名激勵大師，天生嚴重殘疾，17 歲時接受截肢手術，29 歲時罹患癌症。先後到過 190 多個國家進行演講，成為世界級著名身障演講大師。同時，他還獲得乒乓球、橄欖球、游泳、跳水等運動項目的二級教練員稱號，並獲得澳大利亞輪椅網球賽的冠軍。透過寇帝斯的非凡人生經歷，吸引力法則的無窮力量，完美地呈現在我們面前。

　　約翰‧寇帝斯，1970 年出生於澳大利亞。天生嚴重殘疾，出生時只有可口可樂罐子那麼大，脊椎下部沒有發育，兩條腿根本沒有成形，既無法行走，也無法安裝義肢。醫生斷言他活不過 24 小時。

　　當悲傷的父親幫兒子準備好小衣服、小棺材、小墓地後，回到醫院，發現兒子居然還活著。醫生又斷言，小約翰不可能活過一週；然而，這男孩掙扎著又活過了一週，一個月，一年……

　　小約翰上學了。父親第一次把他送到學校，並且告訴他，從現在開始，你必須學會獨自承受生活：真實的世界，就在前面。當約翰背著比他個頭還大的書包，坐在輪椅上開始憧憬新生活時，壓根沒有想到，迎接自己的卻是噩夢。

　　學校有很多調皮學生，個頭矮小的約翰幾乎成了他們的玩偶。他們拆掉約翰的輪椅，弄壞輪椅上的煞車，甚至把他綁在教室的吊扇上，隨風扇一起轉動……

　　後來，約翰進入高中。高中學校有 1,000 多個孩子，這對約翰來說，就是要面對幾千條腿。他每天坐在輪椅上，在無數條腿中間小心地穿行，唯一要做的，就是保護自己的手不被其中任何一條腿踩傷。

　　這些難以忍受的屈辱，一度使約翰想自殺，但在家人的不斷鼓舞下，他最終還是堅持下來了。「永遠都不要認為自己很慘，世界上比你更慘的人多的是。」現在回憶起來，約翰幽默地說，「至少，那時我閉著眼睛，也能夠很快安裝好被拆散的輪椅。」

　　1987 年，17 歲的約翰做了腿部的切除手術，這反而使他行動更加自如。

　　中學畢業後，約翰決定找份工作。經過成百上千次應徵失敗後，他終於在一家雜貨店找到自己的第一份工作。後來他又做過銷售員、技術工人，還在一個儀錶箱公司扭過螺絲釘。他每天凌晨 4:30 起床，趕火車到鎮上，然後爬上他的滑板，從車站趕到幾公里之外的工廠。儘管生活艱辛，但是能自食其力，約翰勇敢而快樂地生活著。

　　由於手部的長期使用，約翰手臂有著驚人的力量，這使得他在一些運動項目上獲得優異成績。1994 年，他成為澳大利亞輪椅網球賽的冠軍；2000 年，他拿到澳大利亞體育機構的獎學金，並在全國健康舉重比賽中，排名第二。此外，他還獲得板球、橄欖球的二級教練證書。

　　約翰有著天生的演講家氣質，他談吐幽默、反應敏捷。一次午餐會上，約翰應邀對自己的經歷做簡短的演講。「我一定要把最勇敢的一面呈現給觀眾！」約翰告訴自己。他的經歷和現狀讓現場觀眾熱淚盈眶，大家對他報以熱烈的掌聲。從此，約翰的演講一發不可收拾。到現在為止，他已在世界 190 多個國家，做了 800 多場演講，他用自己的親身經歷，激勵和影響無數人。

　　1999 年，已成為澳大利亞知名人物的約翰正準備結婚時，一個巨大的

災難向他襲來。醫生告訴他一個不幸的消息：他罹患睪丸癌。為了保住生命，約翰只得摘除睪丸。更糟糕的是，手術不久，約翰又得到一個更壞的消息：因為癌細胞已經擴散，估計最多只能活 24 個月。

接下來，將近一年時間，約翰都在與病魔抗爭。他閱讀了大量關於癌症的資料，幾乎成為癌症資訊專家。他四處諮詢，希望人們能夠給他的治療提供一些好的建議。

很多癌症患者打電話告訴他：「按照醫生的話去做，永遠都不要絕望。」2000 年 5 月，經過詳細檢查，醫生驚奇地發現，約翰居然痊癒了，這次幸運女神終於眷顧了約翰。

這一年，約翰結婚了，同時他的太太還為他帶來了一個 6 歲的兒子，約翰把他視如己出，十分疼愛。儘管孩子有自閉症、肌肉萎縮症、大腦內膜破損、心肌功能障礙等病症，他依然堅持說：「我的兒子將來一定會成為最棒的人物！」

約翰・寇帝斯似乎一生都在與恐懼、孤獨、侮辱、折磨、病痛，甚至死神抗爭，而他也總是最後的勝利者。回想往事，他說：「這個世界，充滿了傷痛和苦難。有的人在煩惱，有的人在哭泣。面對命運，人應該擁抱痛苦、笑對人生，而不只是與之苦鬥。任何苦難都必須勇敢面對。一切都有可能，永遠都不要說不可能。」

第三節　潛能的祕密運用

科學研究發現，人具有巨大的潛能，若能發揮大腦的一半功能，就可以輕易學會 40 種語言、背誦整本百科全書，拿 12 個博士學位……

著名控制論奠基者之一維納（Norbert Wiener）說：「我可以完全有把握地說，每個人、即便他是做出輝煌成就的人，在他的一生中，利用自己的大腦潛能還不到百億分之一。」美國學者詹姆斯研究發現，普通人只開發了自身所蘊藏能力的 10%，與應當獲得的成就相比較，我們不過是半醒著的。我們只利用了身心資源很小很小的一部分……

由此可見，人類對自身潛能的了解，必須引起足夠的重視。

潛能都是「潛」藏著的，更多是以一種思想意識的形式存在，很難發現。吸引力法則的要點，就是啟動人的這種潛能，使其實現夢想的能力，得到最大程度的提升。

潛能與潛意識

實際上，我們已進入一個前所未有的空間和時代，其盡頭已不是人們通常所說的外太空，而是人的「心」—— 認識你自己。

　　　　　　　　　　　　　　—— 弗萊德・艾倫・沃爾夫

　　　　　　　（Fred Alan Wolf，物理學家、作家、講師）

人的潛能，即人類原本具備、卻忘了使用的能力，或存在、但卻未被開發與利用的能力。揭開人類潛能和潛意識的神祕面紗，有助於你更輕鬆地理解和運用吸引力法則。因為吸引力法則也是以思想意識活動為主體的。

人具有很大的潛能，這是無可否認的。

　　人類無窮的潛能可用冰山理論來形容。海面上漂浮著一座冰山，陽光之下，其色皚皚，頗為壯觀。然而真正壯觀的景色，不在海面之上，而在海面之下，與浮出水面上的那部分相比，沉浸在海面下的部分，是它的五倍、十倍，甚至上百倍。

　　驅動潛能的動力，深藏在人的深層意識中，也就是人們常說的潛意識。所謂潛意識，指的就是潛藏在我們一般意識底下的一股神祕力量，又稱「右腦意識」、「宇宙意識」等。潛意識內聚集了人類數百萬年來的遺傳基因層次資訊。它囊括人類生存最重要的本能，與自主神經系統的功能，和宇宙法則，即人類過去所得到的所有最好的生存情報，都蘊藏在潛意識裡，因此，只要懂得開發這種與生俱來的能力，幾乎沒有實現不了的願望。

　　潛在意識的世界，是超越三度空間的超高度空間世界。潛意識一經開啟，將和宇宙意識產生共鳴，宇宙資訊就會以圖像方式浮現出來，一些心靈感應等，在常人看來不可思議的事情，便會一一呈現。

　　一輛卡車從路上衝過去，橫衝直撞，重重地撞在一棵樹上。發動機受擠壓，司機的身體被壓住，動彈不得。他的腳被夾在踏板和煞車閘之間，車門被壓扁了，彎彎曲曲變了形。

　　營救人員紛紛趕至現場，他們想盡各種方法，絞盡腦汁想打開車門，救出司機。可是，車門被損壞得如此厲害，不管那些人怎麼努力，仍然無濟於事，車門一點也動不了。更糟糕的是，駕駛室開始起火了。周圍的人陷入慌亂。時間已經來不及了，消防車趕到之前，這個司機肯定早已被燒死。

　　營救人員無法打開車門救出司機，但查理仍然決定去試試。他靠緊車門，用力去推它。慢慢地，艱難地開始一點一點地移動車門。查理用的力氣非常大，他手臂上的肌肉鼓脹起來，把他襯衫上的袖子都撐破了。

後來，車門終於被打開，查理鑽進車中，赤手空拳掰開踏板和煞車閘。他鬆開司機的雙腳，撲滅了火，然後爬進駕駛室，爬到受傷的司機身邊。他蹲在車裡，腳踩底板，背抵車頂，用力向上頂。終於，車頂被他的力量頂開了。司機被解救出來，旁觀的人把他接到安全地帶之後，查理悄悄地離開了。

事後，當人們找到查理時，有人問他為什麼有那麼大的力量來完成那樣艱巨的救援任務。他的答覆非常簡單。他僅僅說了一句：「我恨火災。」

他有他的原因。幾個月前的一次火災中，查理無能為力地，眼睜睜地看著他的小女兒被活活燒死。那種感覺是多麼無奈而淒慘。

對於查理突然爆發出的巨大力量，醫務人員解釋，身體機能對緊急狀況產生反應時，腎上腺就會大量分泌出激素，傳到整個身體，產生出額外的能量。大量腎上腺激素分泌的前提，使人體能產生這種多腺體。如果自身沒有，任何危機都不能使其分泌出來。由此可見，人確實存在極大的潛在體能。

還有一個故事：

一位年輕的母親在家照顧兩歲多的兒子。孩子睡著後，母親把他放在小床上，趁他熟睡這段時間，去附近的菜市場買菜。

這位母親買完菜，走到居住的樓群時，由於惦記著兒子，她不由得往自己居住的方向望了一眼。這一望不得了，發現四樓陽臺上，有個黑點在蠕動。「糟了，我的兒子！」

她大叫一聲，瘋狂地往前跑，邊跑邊喊：「孩子不要往外爬！」但是孩子哪裡聽得懂，他看到媽媽向他揮手，興奮得亂跳亂舞，拚命往外爬。

這時要跑到四樓阻止兒子，已經來不及了，這位母親於是就拚命地跑，剛好在兒子掉下來的一剎那，跑過去伸出雙臂，穩穩地接住兒子了。

這件事立即在當地造成轟動，電視臺記者來了，要把這件不可思議的

事情拍攝下來。於是，他們找到這位母親，要她重複一次。這位母親驚恐地搖搖頭，死也不要。後來，記者說：「不是要請妳的兒子重新試驗，只是找個布娃娃從四樓掉下來，妳再去接住。」這位母親同意了。

但是，一次、二次、三次，布娃娃都掉在地上，怎麼也接不住。這位母親說：「因為孩子不是自己的，而且又是假的。」

這位母親也與查理一樣，運用了人體潛意識中的能量，做到常人看起來絕不可能的事情。其實，這類事情對人類的潛意識和潛能來說，是輕而易舉的。

潛意識如同一部萬能機器，任何願望都可以辦到，但需要有人來駕駛它，而這個人就是你自己。只要你有心控制，只讓好的印象或暗示進入潛意識就可以了。

潛意識大師墨菲博士（Joseph Murphy）說：「我們要不斷用充滿希望與期待的話來與潛意識交談，只有這樣，潛意識才會讓你的生活狀況變得明朗，讓你的希望和期待實現。」只要你不去想負面的事情，選擇有積極性、正面性、建設性的事情，你就可以左右自己的命運。這正是吸引力法則的精髓。

正確的心理暗示

所謂信仰，就是自我暗示，在潛意識中被宣布或反覆指點所產生的一種心理狀態。

—— 拿破崙

人的潛能來源於潛意識，而潛意識則主要透過心理暗示的形式表現出來。

心理暗示，是指人接受外界或他人的願望、觀念、情緒、判斷、態度

影響的心理特點，是人們日常生活中最常見的心理現象。心理學家巴夫洛夫認為：「暗示，是人類最簡單、最典型的條件反射。」

生活中，人們無時不在接收外界的暗示。比如，電視廣告對購物心理的暗示作用。在無意識中，廣告資訊會進入人們的潛意識。這些資訊反覆重播，在人的潛意識中累積。當人們購物時，人的意識就受到潛意識中這些廣告資訊的影響，左右自己的購買傾向。

人都會受到暗示。受暗示性是人的一種本能。人們為了追求成功和逃避痛苦，會不自覺地使用各種暗示的方法，比如困難臨頭時，人們會相互安慰：「快過去了，快過去了。」從而減少忍耐的痛苦。人們在追求成功時，會設想目標實現時非常美好、激動人心的情景。這個美景就對人構成了一種暗示，它為人們提供動力，提高挫折耐受能力，保持積極向上的精神狀態。

心理學家經過長期研究，得出一個基本規律：潛意識服從於暗示，它不做任何對比和判斷，自己沒有主張，而這些都起源於意識。潛意識只做出反應，對任何暗示一律平等。因此，暗示對人既可能產生消極作用，也可能產生積極作用。

消極作用。例如「假孕」，它是指有些女性結婚後很想懷孕，由於焦慮而十分害怕月經按時來潮，導致懷孕失敗。在這種迫切心情的主導下，一旦月經過期未來，她們就覺得自己懷孕了。很快又開始覺得厭食、噁心、嘔吐，喜歡刺激性食物，於是到醫院就診。但經醫生檢查後，發現並不是懷孕。這是因為想懷孕的強烈願望及焦慮心理，破壞了人體內分泌功能的正常進行，尤其是影響下丘腦垂體對卵巢功能的調節，使體內的孕激素增高和抑制排卵，從而出現暫時閉經的結果。

積極作用。比如，暗示可以發掘人的記憶潛力。有人作過實驗，分別讓兩組學生朗讀同一首詩。第一組在朗讀前，測試者告訴他們，這是著名

詩人的詩，這就是一種暗示。第二組，測試者沒有告訴他們這是誰寫的詩。朗讀後立即讓學生默寫。結果第一組的記憶率為 56.6%；第二組的記憶率為 30.1%。這便充分說明，權威的暗示對學生記憶力有很大影響。

不同的暗示會對人的潛意識產生不同影響。所以，為了激發人體的潛意識和潛在能量，應該進行積極的心理暗示。

有一位年輕歌手被邀請去試唱，她一直期待著這次面試。由於前幾次，她心裡一直擔心失敗，所以在試唱時不能充分發揮。

這個女歌手嗓音很好，但她常對自己說：「我唱的，他們不一定會喜歡吧？我就試試看，但我還是擔憂。」她的潛意識接受了這些消極的暗示，並在適當的時候做出了反應。這些偶然的、無意識的消極暗示，被感情化和主觀化了。

後來，她將自己關在屋內，坐在沙發上，讓身體完全放鬆，閉上眼睛，讓心情靜下來。因為身體的放鬆，對潛意識的順從，和接受暗示是有益的。她靜靜地默禱：「我其實唱得很優美，我會很沉著，很有自信。」她帶著表情慢慢地重複多次。晚上睡覺前也重複這樣的默禱。

如此一天三次，一週後，她信心十足地參加試唱，結果唱得很成功。

積極性的暗示，能夠輸送給潛意識積極的資訊。這種資訊反覆次數多了，潛意識就會接受，產生積極的心態。

拿破崙·希爾說：「一個人能否成功，關鍵在於他的心態。成功人士與失敗者的差別，在於成功人士有積極的心態。」

這是一句名言，也是一條真理。因為積極的心態，讓你自信、自愛、堅強、快樂、興奮，讓你的能力源源湧出。如果你有積極的心態，你就能隨意進入積極向上的進取狀態，樂觀應付，充滿把握，全身煥發活力，心智敏銳，你就會心想事成。

不要給自己設限

這個世界有界限嗎？當然沒有。我們每個人都不受任何限制而存在，我們的最高限度也是不存在的。在這個地球上，每個人內在的潛能、才智、天賦和力量，都是完全沒有上限的。

—— 麥克·柏納德·貝奎斯

眼看得到的地方，就是你會到達的地方。

—— 戴高樂

人類本身蘊藏著巨大的潛能，每個人都應該盡可能的挖掘這種潛能，相信自己有足夠的能力實現理想目標，不要給自己任何既定的限制。

有位心理學家曾做過一個這樣的實驗：

將一隻跳蚤放進一個沒有蓋的玻璃杯，跳蚤很輕易就從玻璃杯中跳了出來。再重複幾遍，結果都一樣。經測試發現，跳蚤跳的高度竟達到牠身體的 400 倍左右，簡直可以稱得上動物界的跳高冠軍。

接下來，在跳蚤頭上蓋一個玻璃蓋，讓牠再跳，這一次跳蚤碰到了玻璃蓋。連續多次後，跳蚤改變起跳高度，以適應環境，每次跳躍總保持在蓋頂以下高度。之後，測試者逐漸改變玻璃蓋的高度，跳蚤也都在碰壁後，被動改變自己的高度。最後，當玻璃蓋接近桌面時，跳蚤已無法再跳了。最後，研究者把玻璃蓋打開，發現跳蚤仍然不會跳，已然變成了「爬蚤」。

其實，跳蚤並非喪失跳躍能力，而是由於一次次受挫，學乖了、習慣了、麻木了。最可悲之處就在於，實際上的玻璃蓋已經不存在時，牠卻連「再試一次」的勇氣都沒有。玻璃蓋已經蓋在潛意識裡，蓋在心靈上。行動的欲望和潛能被自己扼殺。科學家把這種現象叫做「自我設限」。

人也一樣。很多人不敢追求成功，不是追求不到成功，而是因為他們心裡默認一個「高度」，這個高度常常暗示自己的潛意識：這太難了，我根本就沒有辦法做到。如果你抱有這種想法，那就大錯特錯了。

你不必給自己設限，你能做到你想要做到的一切。

拿破崙·希爾曾聘僱一位年輕的小姐當助手，幫他拆閱、分類及回覆他的大部分私人信件。當時，她的工作是聽希爾的口述，記錄信的內容。她的薪水和其他從事相類似工作的人大約相同。

有一天，希爾口述了下面這句格言，並要這名女助手用打字機打下來：「記住：你唯一的限制，就是你自己腦海中所設立的那個限制。」當她把打好的紙交還給希爾時，她說：「您的格言使我獲得了一個想法，對您、對我都很有價值。」

希爾並未在意這件事。但從那天起，希爾看得出來，這件事在女助手的腦海中，留下了極為深刻的印象。她開始在用完晚餐後回到辦公室，且從事不是她分內、且沒有報酬的工作。她開始把寫好的回信送到希爾的辦公室。

她已經研究過希爾的風格。因此，這些回信，回覆得跟希爾自己所寫的一樣好，有時甚至更好。她一直保持這個習慣。當希爾的祕書辭職後，希爾還未正式給她這項職位之前，她已經主動地承擔了祕書的工作。她在下班後，以及在沒有支領加班費的情況下，對自己加以訓練。因此，當希爾開始找人來填補祕書的空缺時，他自然而然地想到了這位小姐。

最終，這位小姐終於讓自己有資格出任拿破崙·希爾手下人員中最好的一個職位，希爾多次提高她的薪水，她的薪水已是她當初來這裡當普通速記員時的 4 倍。最終，她也成為一名成功人士。

這位小姐的成功在於，自覺地超越腦海中所設立的那個限制，亦即突破自我。

一架航海羅盤從製造山來，到被磁化之前，其指針所指的方向各不相同，但一旦被磁化之後，指標立刻就會轉向北極，且一直指向那裡。人有時也像沒有被磁化的指標一樣，習慣原地不動而沒有方向。我們在自身的進取心被激發之前，被牢牢地限制住，對任何刺激都毫無反應。而一旦有了進取心和意志力，就如同被磁化的指標，激勵著我們不斷向自己的目標前進。

因此，不論你想做什麼，你想實現什麼，你想成為怎樣的人，大膽地說出來，不要有任何顧慮，因為你生來就具有實現這一切的潛能。

每個人都是一個奇蹟

生命絕對不可平凡，而且本身就不應該平凡。如果你已開始了解和運用這個祕密，你的生命也會是非凡的。

—— 鮑伯·普克特

白天黑夜的每個小時對我都是一個奇蹟，每立方英寸的空間都是一個奇蹟。

—— 惠特曼
（Walt Whitman，美國民主詩人）

宇宙的產生本身就是一個奇蹟；接著，它誕生了又一個奇蹟 —— 地球；後來，經過億萬年的孕育，它又誕生了奇蹟中的奇蹟 —— 生命；再後來，又經過了億萬年的進化，它再次誕生最偉大的奇蹟 —— 人；而我們，每個人，又是一個更大的奇蹟。

是的，每個人，從卵子與精子結合的一瞬間，就注定了一個非凡的奇蹟。我們來到這個世界，就是要繼續創造這種奇蹟，我們的身體本身賦予我們這樣的能力。

人類與其他生物的最大不同，就是人類有思想，有創造性，人類的一切都是自己創造性活動的結果。我們想要做成一件事，必須先具備相關能力，只有能力具備，才能成功。但是，我們無法運用自身不具備的能力，所以，獲得成功的唯一方式，就是充分了解並發揮自己的能力。

人們總是忽略自身的潛能。一個人想重新認識自己，就要意識到自身潛能的存在。而要意識到自身潛能的存在，就要知道，一切能力都源於自己的內心世界，也即思想意識。

人透過意識與外界連繫。大腦是意識的載體，腦脊髓神經系統使身體的各個器官和組織緊密配合，使人對每一種光、熱、氣味、聲音和味道產生反應。每當人們運用正確的思維方式認知世間真理，腦脊髓神經系統就會向全身傳遞具有價值的資訊，人自然會感到愉悅、和諧，從而更加強壯、生機勃勃和富有創造性。反之，意識也能將悲傷、疾病、短缺、局限及所有不和諧因素帶入人們的生活。這種錯誤的思維方式就會導致人們生活的混亂、不和諧，毫無生氣，毫無創造力。吸引力法則正是這樣發揮作用的。

思維不但統治著人的內心世界，還間接決定人的現實世界。一個人要創造生命的奇蹟，首先要在思想意識上堅信自己能創造奇蹟。

海倫‧凱勒，美國盲聾啞女作家和殘障教育家，1880 年 6 月 27 日出生於阿拉巴馬州北部的城鎮。她在 19 個月大時，因猩紅熱失去了視力和聽力，不久，又喪失了語言表達能力。

一個幼小的孩子如何面對一個沒有光線，沒有聲音的世界呢？這真是一個令人頭痛的問題。通常教育一個五官健全的孩子，已經不是一件輕而易舉的事了，更何況海倫‧凱勒又瞎又聾又啞！

迫不得已，母親在海倫 8 歲時，為她找來一位家庭教師 —— 蘇利

文。這位家庭教師用愛心和智慧教海倫寫字、閱讀和說話，引導海倫走出無盡的黑暗和孤寂。經過不懈努力，海倫 20 歲時進入哈佛大學就讀。

大學畢業後，海倫成為一個學識淵博的人，她甚至掌握了英、法、德、拉丁、希臘 5 種語言。海倫用生命的全部力量奔走於美國和世界各地，為身心障礙者謀求福音。她的行為贏得世界各國人民的讚揚，且得到許多國家政府的嘉獎。她被美國《時代週刊》評選為 20 世紀美國十大英雄偶像，被授予「總統自由獎章」。

海倫的文學創作是從 1902 年開始的。她的主要作品有《假如給我三天光明》、《我的生活》、《我的老師》等。海倫·凱勒一生共寫了 14 部著作。《我的生活》是她的處女作。作品一發表，立即在美國引起轟動，被稱為「世界文學史上無與倫比的傑作」，出版的版本超過百餘種，在世界產生了巨大影響。

海倫·凱勒的一生，為人們樹立了與命運拚搏的榜樣，儘管命運之神奪走了她的視力和聽力，但她仍堅信自己能成就非凡的事業。終於，她用勤奮和堅忍不拔的精神，緊緊扼住了命運的咽喉，創造了生命的不朽奇蹟。多少年來，海倫·凱勒的名字已經成為意志的象徵，她傳奇般的一生，成為鼓舞人們戰勝厄運的巨大精神力量。

吸引力法則認為，任何人身上都有一種內在宏偉的東西，不管你生命中曾經發生過什麼，不管你有多年輕或年老，只要你開始正確的思考，你內在的這種超越任何事物的偉大力量，就會在開始的那一瞬間顯現出來，最終，它會帶給你你想要的一切。海倫·凱勒就是最好的例子。

啟動意識潛能

　　每個人都有一個具有無限潛能、無限可能性的未來，這是因為，目前人類僅僅用到自身5％的心智潛能，而另外95％的潛能可透過恰當的訓練激發出來。試想，如果將人們的全部潛能激發出來，那將是一個怎樣的世界啊！

　　　　　　　　　　　　　　　　　　　　—— 約翰·哈格林

　　　　　（John Hagelin，量子物理學家、教育家、公共政策專家）

　　潛能分為生理潛能和心理潛能。潛能的發掘和發揮存在極大的心理因素。透過提高認知、學習技巧、培養感受力、領悟力、堅強意志等方法，人都能有效發揮自己的生理、心理潛能。

　　對於心理潛能，人們一般都狹隘地理解成意志的激發。的確，意志最能體現人的意識能動性，有恆心、有毅力、有信心，人們往往能做到很多看起來無法做到的事情。但是，心理潛能不僅僅是意志，任何心理活動都有很多能量沒有被挖掘。

　　這也就是說，在一般情況下，任何心理活動都存在著潛能，這些潛能往往能透過特殊的心理訓練逐步釋放出來。

(1) 調高目標

　　真正能激勵你奮發向上的是：確立一個既宏偉又具體的遠大目標。許多人意外地發現，他們之所以達不到自己孜孜以求的目標，是因為他們的主要目標太小，而且太模糊，從而使自己失去主動力。如果你的主要目標不能激發你的想像力，目標的實現就會遙遙無期。

（2）尋求挑戰

不斷尋求挑戰，體內就會發生奇妙的變化，從而獲得新的動力和力量。但是，不要總想在自身之外尋求開心。令你開心的事不在別處，就在你身上。因此，找出自身的情緒高漲期，用來不斷激勵自己。

（3）正視危機

危機能激發我們竭盡全力。無視這種現象，我們往往會愚蠢地創造一種舒適的生活方式，使自己生活得風平浪靜。當然，我們不必坐等危機或悲劇的到來，從內心挑戰自我，是我們生命力量的泉源。

（4）心理暗示

對於一些未發生的事情，人們總會不由自主的給自己很多暗示。積極性的暗示，能夠給潛意識輸送積極的資訊。這種資訊反覆次數多了，潛意識就會接受，產生積極的心態。而消極的暗示，則會給潛意識輸送消極的資訊。這種資訊重複次數多了，就會形成消極的心態。消極的心態可使一個人多疑、沮喪、恐懼、焦慮、悲傷、受挫，使一個人渾身無力。也就是說，如果你有消極的心態，你就看不到將來的希望，進而激發不出動力，甚至自信心遭受摧毀，希望宣告破滅。

（5）嚴格要求

先「排演」一場比你要面對的局面更複雜的戰鬥。如果手上有棘手的事情，而自己又猶豫不決，不妨挑件更難的事先做。生活挑戰你的事情，你一定可以用來挑戰自己。這樣，你就可以開闢一條成功之路。成功的真諦是：對自己越苛刻，生活對你越寬容；對自己越寬容，生活對你越苛刻。

(6) 迎接恐懼

　　世界上最祕而不宣的體驗是，戰勝恐懼後，迎來的是某種安全有益的東西。哪怕克服的是小小的恐懼，也會增加你對創造自己生活能力的信心。如果一味想避開恐懼，它們會像瘋狗一樣對你窮追不捨。此時，最可怕的莫過於雙眼一閉、假裝它們不存在。

　　下面這個故事的主角，就在一定程度上啟動了自己的潛能。

　　1989 年發生在美國洛杉磯一帶的大地震，在不到 4 分鐘的時間裡，使 30 萬人受到傷害。在混亂的廢墟中，一個年輕的父親，安頓好受傷的妻子，便衝向他 7 歲兒子上學的學校。他眼前，那個昔日充滿孩子們歡笑的漂亮三層教學大樓，已經變成一片廢墟。

　　他頓時感到眼前一片漆黑，大喊：「艾曼達，我的兒子！」跪在地上大哭了一陣後，他猛地想起自己常對兒子說的一句話：「不論發生什麼，我總會跟你在一起！」他堅定地站起身，向那片廢墟走去。

　　他知道兒子的教室在一樓左下角處，他疾步走到那裡，開始動手。在他清理挖掘時，不斷有孩子的父母急匆匆地趕來，哭喊過後，他們絕望地離開了。有些人上來拉住這位父親說：「太晚了，他們已經遭遇不幸了。」這位父親雙眼直直地看著這些好心人，問道：「誰願意來幫助我？」沒人給他肯定的回答，他繼續埋頭挖著。消防隊長擋住他：「太危險了，隨時可能起火爆炸，請你離開。」

　　這位父親問：「你是不是來幫助我的？」

　　員警走過來：「你很難過，難以控制自己，可這樣不但不利於你自己，對他人也有危險，馬上回家去吧！」

　　「你是不是來幫助我的？」他反覆不斷地問。

　　人們都搖頭嘆息的走開，都認為這位父親因過度悲傷而精神失常了。

　　但他心中只有一個念頭：「兒子在等我。」

　　他挖了 8 個小時、12 個小時、24 個小時、36 個小時，沒人再來阻擋他。他滿臉灰塵，雙眼布滿血絲，渾身上下破爛不堪，到處都是血跡。到第 38 個小時，他突然聽到底下傳出孩子的聲音：「爸爸，是你嗎？」

　　是兒子的聲音！父親大喊：「艾曼達，我的兒子！」

　　「爸爸，真的是你嗎？」

　　「是我，是爸爸，我的兒子。」

　　「我告訴同學們不要害怕，說只要我爸爸活著，就一定會來救我，也就能救出大家。因為你說過，不論發生什麼，你總會和我在一起！」

　　「你現在怎麼樣？有幾個孩子活著？」

　　「我們這裡有 14 個同學，都活著！我們都在教室的牆角，屋頂塌下來架了個大三角形，我們沒被砸到。」

　　父親大聲向四周呼喊：「這裡有 14 個孩子，都活著！快來人啊！」

　　現場的人趕緊上前幫忙。

　　50 分鐘後，一個安全的小出口開闢了出來。

　　父親聲音顫抖地說：「出來吧！艾曼達。」

　　「不，爸爸。先讓別的同學出去吧！我知道你會跟我在一起。我不怕。不論發生什麼，我知道你總會跟我在一起。」

　　這對了不起的父子，在經歷了巨大的磨難後，無比幸福地緊緊擁抱在一起。

　　「不論發生什麼，我總會跟你在一起。」這是父子倆在面臨生離死別時，為之堅信的同一句話。這句話在心裡不斷暗示著他們，驅使著他們，使他們有足夠的力量去面對眼前的恐懼；去戰勝當前的險境；去贏得重生的希望。他們在一定程度上啟動了潛能意識，這給他們帶來了積極正面的結果。

名人連結 —— 愛因斯坦　　　　　　　　　　　◇

阿爾伯特・愛因斯坦，美籍猶太人。1921 年諾貝爾物理學獎獲得者。他創立了代表現代科學的相對論，為核能開發奠定了理論基礎，被公認是自伽利略、牛頓之後最偉大的科學家、思想家。其非凡的智慧為世人所頂禮膜拜，甚至在他逝世以後，人們還透過研究其大腦來探索人類的潛能。可以說，愛因斯坦是人類運用大腦潛能最充分的人，他將吸引力法則中，思想的潛能和力量發揮到前所未有的高度。

　　愛因斯坦，1879 年 3 月 14 日出生於德國西南的烏爾姆城，父母都是猶太人。1880 年後隨全家遷居慕尼黑。

　　愛因斯坦小時候並不活潑，3 歲多還不會講話，父母很擔心他是啞巴，曾帶他去醫院檢查。還好小愛因斯坦不是啞巴，可是直到 9 歲時講話還不是很通暢，所講的每句話都必須經過吃力但認真地思考。

　　愛因斯坦在讀小學和中學時，成績平常。由於他舉止緩慢，不愛與人交往，老師和同學都不喜歡他。教他希臘文和拉丁文的老師對他更是厭惡，曾經公開罵他：「愛因斯坦，你長大後肯定沒有什麼出息。」

1896 年 10 月，愛因斯坦還是跨進了蘇黎世聯邦理工學院的校門，在師範系學習數學和物理學。他對學校的注入式教育十分反感，認為它使人沒有時間、也沒有興趣去思考其他問題。他充分利用學校的自由空氣，把精力集中在自己所熱愛的學科上。

1900 年，愛因斯坦畢業於蘇黎世聯邦理工學院，並取得瑞士籍。後在伯恩瑞士專利局找到固定工作。他早期的一系列歷史性成就，都是在這裡作出的。

1905 年是愛因斯坦一生中，也是物理史上神奇的一年。愛因斯坦的超人智慧迸出了耀眼的光芒。他以 26 歲的年紀，在沒有其他學術連結的情況下，在一年內發表了三篇震撼物理學界的論文：光的量子說（解釋光電效應）、布朗運動（證明分子的存在）和狹義相對論（修正了牛頓力學）。其後的幾年，愛因斯坦從一名默默無聞的青年學子，一躍成為國際上的知名學者。歐洲各著名大學爭相禮聘。1909 年，愛因斯坦首次在學術界任職。

1915 年，愛因斯坦又發表了一篇驚世名作 —— 廣義相對論。它取代了牛頓的萬有引力理論，對物理學的理論發展和對宇宙現象的認知，有著極為深遠的影響。1921 年，愛因斯坦以解釋光電效應的光子說，獲得諾貝爾物理學獎，成為世界性家喻戶曉的名人。

因為擔心德國納粹政府搶先造出原子彈，危害世界，1939 年，愛因斯坦應美國著名原子核物理學家的請求，寫信給美國羅斯福總統，建議集合科學界的力量，研發原子彈。這就是著名的曼哈頓計畫的起源。1955 年，愛因斯坦因主動脈瘤破裂，逝世於美國普林斯頓，享年 76 歲。

愛因斯坦一生科研成果卓著，其中最突出的，是他用實驗證實了原子的存在，創立了相對論，並發展普朗克提出的量子假說，為現代物理學發展做出卓絕貢獻。人們稱他為 20 世紀的哥白尼、20 世紀的牛頓。

愛因斯坦去世後，他的主治醫生哈威，私下徵得愛因斯坦長子漢斯的同意，悄悄將愛因斯坦的大腦取出，並將整個大腦切成 240 塊，每一塊平均有 10 立方公分。在做了詳細地記錄後，哈威將它們祕密收藏，以留給科學界作學術研究。

有一位學者研究了其中兩塊切片後發現，愛因斯坦大腦組織存在顯著的「優勢」：愛因斯坦大腦海馬迴（大腦中負責處理語言與想像工作的部分）左側的神經細胞明顯比右側的大，而且分布得很規則；而普通人該組織區的神經細胞看起來很小，且表現得「非常不規則」。

海馬區左側的神經細胞較大，可能意味著該組織區與大腦皮質的「交流能力」比較強，而大腦皮質又是人類進行邏輯思考、分析和創造性思維的組織地帶。對愛因斯坦大腦的研究分析，或許會使人類在進一步開發大腦潛能，充分了解人體本身奧祕等問題上，更快地獲得實質性的進展。

第四節　生命的祕密運用

在追求夢想的路上，很多人忙於個人祕密而無暇顧及生命的祕密。個人祕密，即你實現自身願望的祕密，它不同於生命的祕密。生命的祕密是宏觀的，是對群體而言的。

生命的祕密，是人們在生活中必須具備的一種思想或性格觀念，這種觀念不會對你實現願望有具體的幫助，它的主要目的在於指導你的生活，引導你去認清生命的本質，了解生命的意義。

你是獨一無二的造化

我不是麥可‧喬丹，不是史考提‧皮朋（Scottie Pippen），更不是俠客‧歐尼爾，我就是我，請記住我的名字 ── 艾倫‧艾佛森。不管在哪裡，不管在哪支球隊，只要是在籃球場上，我就是我，我會一如既往地打好比賽，認認真真地對待每一場球。

── 艾倫‧艾佛森

每個人都必須相信，自己是獨一無二的造化。

世界著名畫家梵谷的一幅油畫，以千萬美元以上的價格出售。當你讀到這則消息時，心中難免會想：「到底什麼東西，使畫布上的油彩這麼值錢？」

首先，這顯然是一幅很獨特的油畫。自從有油畫以來，在所有已畫過的幾十億幅油畫之中，這是碩果僅存的一幅，這是梵谷的親筆畫。它很罕見，所以價高。另外，梵谷是一位天才，他的才能，每幾百年才能出現一次。顯然，那是因為他的才能受到肯定的緣故。

然後，讓我們想想你。自從有史以來，幾十億人曾經生活在這個地球上。但從來未曾有過，也將永遠不會有第二個你。你是地球上唯一的、不同的，與獨特的生物。這些特性賦予你極大的價值。請了解，即使像梵谷

117

這樣的天才，也只是一個「人」而已。創造梵谷的宇宙，也同樣創造了你，且從宇宙的眼光來看，你跟梵谷或任何人一樣珍貴。除了具有罕見的才能外，梵谷每一天都要提起畫筆來發揮與磨練他的才能。自從他出生以後，在每一行業中，可能都有幾百個「梵谷」，可是他們永遠沒有提起畫筆，而闖出一點名聲。

讓我們進一步追尋這種思想。由於你是唯一的存在，你有價值，所以應當接納你以及你的才能，並且多使用它。請記住：上帝創造了你並給你才能，是要讓你發揮，而不是埋藏不用。

更重要的是，你要知道，正因為你獨一無二的特性和能力，吸引力法則才能滿足你的一切願望。

當你開始按照自己心靈的感覺去生活、去追尋自己想要的事物時，你所要求的東西，是與別人不一樣的，因為每個人的思想意識各不相同。這可以說是吸引力法則的一種完美性。人們不會都想要 BMW 轎車；不會都愛上同一個人；不會都喜歡同一款衣服；更不會都想要同一種體驗。所以，每個人都能從宇宙中得到自己希望的獨特東西。

蜚聲世界影壇的義大利著名電影明星蘇菲亞‧羅蘭，能夠成為令世人矚目的超級影星，和她對自己獨特的認知，是分不開的。

當年，16 歲的蘇菲亞‧羅蘭剛剛邁入電影業大門時，並沒有引起人們的注意。相反，很多攝影師都對她提出了否定的看法：蘇菲亞‧羅蘭鼻子太長，臀部太發達，無法把她拍得美麗動人。在眾多人的一致反對聲中，導演不得不與蘇菲亞‧羅蘭商量彌補缺陷的方法。

一天，導演把蘇菲亞‧羅蘭叫到辦公室，以不容分辯的口吻對她說：「我剛才和攝影師開了個會，他們說的結果完全一樣，那就是關於妳的鼻子，妳如果要在電影界做一番事業，那妳的鼻子就要考慮作一番變動，還有妳的臀部也該考慮減肥。」

蘇菲亞·羅蘭充滿自信地回答道：「我當然懂得我的外形跟已經成名的那些女演員頗有不同。她們都相貌出眾，五官端正，而我卻不是這樣。我的臉問題太多，但這些問題加在一起，反而會更具魅力！如果我的鼻子上有一個腫塊，我會毫不猶豫把它除掉。但是，說我的鼻子太長，那是毫無道理的。鼻子是臉的主要部分，它使臉具有特點。我喜歡我的鼻子和臉的本來樣子。我的臉確實與眾不同，但是我為什麼非要長得和別人一樣呢？至於我的臀部，不可否認，我的臀部確實有點發達，但那也是我的一部分。我要保持我的本色，我什麼也不願改變。」

導演被她這異乎尋常而又強烈的自信感染了。從這以後，他再也沒有提及她的鼻子和臀部。後來，蘇菲亞·羅蘭獲得了人們所共知的成就，成為世界超級女影星。

蘇菲亞·羅蘭堅信自己是獨一無二的，她堅持自己的特有本色，這種獨特性為她吸引獨特的結果，使她獲得了與眾不同的成功。

如果你堅信自己是大自然獨一無二的造化，你也會像蘇菲亞·羅蘭一樣，實現你獨特的理想和目標。

思想的力量

你在思考的同時，它就在運作。你思想流動的時候，吸引力法則也在運作。當你想著過去，吸引力法則運作著；當你想著現在或未來，吸引力法則也在運作著。它是一個持續的過程，你無法點擊暫停或中止鍵，它和你的思想一樣，永遠都在運作著。

—— 麗莎·尼可斯

一個能思考的人，才真是一個力量無邊的人。

—— 法國諺語

宇宙間最強大的力量，就是思想的力量。

古希伯來（大約西元前 2,000～西元前 1,250 年間的古猶太人）的先知們，對吸引力法則有著完美的認知，他們總能找到外部事物與內心思想之間的關聯，他們認為一切成功與失敗，都與內在思想息息相關。

後來的著名軍事家拿破崙，也十分肯定思想的力量：「世界上只有兩種強大的力量，即刀槍和思想，從長遠來看，刀槍總是被思想戰勝。」再後來的大作家雨果，更是直接指明：「思想就是力量。」他認為，人的思想力量是無比強大的，「人們能夠抵禦武裝的入侵，卻阻擋不了思想的滲透。」

其實，分析所有事物的本原，我們也不難發現，大自然中既有的一切，不過是思想的客觀化形式。人類的所有成就，首先來源於思想，然後在現實生活中具體化，才得以形成。

作家、發明家、建築師，都是先在頭腦中構思自己的作品雛形，且不斷地在腦海中進行修改，使之趨於完美和諧，然後再將它物化，將它以具體的、實質的作品形式表現出來。西元前 213 年，羅馬的軍隊由馬克盧斯率領進犯阿基米德的國家敘拉古。這時，年已 75 歲的阿基米德，也傾盡全力投入反抗侵略的戰鬥。

羅馬統帥馬克盧斯，接連攻下敘拉古的兩座城池後，更加狂妄自大。他認為，只要用 5 天的準備時間，就可以攻陷國都敘拉古城。然而，他的如意算盤被阿基米德徹底打破了。

阿基米德指導同胞們製造許多攻擊和防禦的武器。當侵略軍攻城時，他設計的投石機，把敵人打得潰不成軍。他製造的鐵爪式起重機，能將敵船提起並倒轉，拋至大海深處。傳說他還率領敘拉古人民製作一面大凹鏡，將陽光聚焦在靠近的敵船上，使戰船焚燒。羅馬士兵在這頻頻的打擊中，已經心驚膽戰，草木皆兵，一見到有繩索或木頭從城裡扔出，他們就

驚呼「阿基米德來了」，隨之抱頭鼠竄。

羅馬軍隊被阻於城外達 3 年之久。最終，於西元前 212 年，羅馬人趁敘拉古城防務稍有鬆懈，大舉進攻闖入城市。此時，阿基米德正在潛心研究一道深奧的數學題，一個羅馬士兵闖入，用腳踐踏他所畫的圖形，阿基米德憤怒地與之爭論，殘暴的士兵哪肯聽從，只見他舉刀一揮，一位璀璨的科學巨星便就此隕落了。

吸引力法則正是這樣物化的過程。阿基米德製造的一系列攻擊和防禦器械，都是他思想的產物。這些器械幫助他一再擊退侵略軍的進攻，由此，他頭腦中思想的偉大力量也得到了現實的體現。尤其是在生命的最後時刻，他的思想還沉浸在學術研究中，以至於完全忽視了正面臨的生死危機。可以說，阿基米德偉大的一生，正是由他偉大的思想支配的。

阿基米德的故事再一次印證，思想就是力量。思想有多遠，你就能走多遠。

世界上的事只有想不到，沒有做不到；而想得到，早晚能夠做得到。腦子裡有什麼理論，眼睛裡有什麼事物，然後才有什麼樣的行動。意識的作用不可低估，很多時候能超過物質的力量。

比如朱自清寫的〈荷塘月色〉，實際上就是一個普通的荷塘，從它旁邊走過的人何止千千萬萬，但只有朱自清能寫出那篇美輪美奐的〈荷塘月色〉。自問世以來，即被選入教材，娛目養神，滋潤了多少年輕人的情感。再如，在地球上生活的人，誰沒有見過月亮，但只有蘇東坡的一曲〈水調歌頭・明月幾時有〉堪稱千古名篇、膾炙人口，讓人凝思千載，心旌搖盪，問天問月，思悟人生真諦。這便是文學的魅力，與物質無關，它是意識的作用，更是思想的作用。

做思想的主人

你要覺察到你的思想，慎重選擇你的思想，並從中獲得快樂。因為你就是自己生命的傑作，你就是你生命的米開朗基羅，雕刻的大衛像正是你自己。

—— 喬‧維托

思想的啟發使人類擺脫奴役，進入自由王國。

—— 愛默生

意識到思想的力量後，你還必須學會覺察你的思想，主導你的思想。

因為在吸引力法則的作用下，你會不自覺地將你思維中占主導地位的思想，吸引到你的身邊，不管這些思想是你有意識產生的，還是無意識產生的；是對你有利的，還是對你不利的。

如果你讓思想放任自流，它就會像失去控制的帆船一樣，將你帶到你已走過的地方，或任何你未曾走過的地方。這些失去控制的思想，都在創造、決定著你的未來。所以，你必須對它們有所控制，那是你的一切力量之所在，你向宇宙發出的「要求」，必須透過它們才能實現。

首先，不管你是思考還是感覺，不管你是說話還是行動，也不管你的生活中將要發生怎樣的事情，你都應該毫無疑問地擁有一種至高無上的想法 —— 你在萬事萬物之上，你比任何其他事物都還優越，你擁有控制一切事物的力量。

然後，你再在所有思維、行動和意識中，把自己放在一個高度，有意識地選擇你的思想，有目的地指導你的思維，做你自己經歷的創造者，這樣，你才能真正成為你自己思想的主人，才能指揮你所擁有的力量，在現實中完成你的目標。那些能主導自己思想的人，往往很富有，他們依靠思

想的力量，得到足夠的財富，輕鬆躋身富人之列。在這一點上，他們無疑是很成功的。

最後還要注意的是，既然要成為自己的思想家，就不能被動地思考，而要主動地思索。我們在閱讀一個人的作品時，往往會從他們的字裡行間，找到此前某個人思想的影子，據此，我們就會分析出他們受到誰的思想影響，這種影響是多麼的深遠。我們每個人，都要對任何權威有批判的精神，更要對任何人說的話，進行自我思索。

思想是人類思維世界的偉大活動。每個人在思想上都是平等的，我們要摒棄思想上的殖民地，拒絕做思想的奴隸；我們還要學會思考，學會批判和辯證地全面了解問題的實質。

從前，在夏威夷有一對雙胞胎王子。有一天，國王想為兒子娶老婆，便問大王子喜歡什麼樣的女孩子。王子回答：「我喜歡瘦的女孩子。」年輕的女性們知道這個消息後，不由得產生這種想法：如果順利的話，或許能飛上枝頭當鳳凰。於是，大家爭先恐後地開始減肥。

不知不覺，島上幾乎沒有胖的女性了。不僅如此，因為女孩子一碰面就競相比較誰更苗條，甚至出現了餓死的情況。

後來事情的變化急轉直下，大王子因為生病，一下子就過世了，國王倉促決定，由小王子來繼承王位。這時，他又想為小王子娶老婆，便問他同樣的問題。

小王子說：「比起這樣的女孩子，我比較喜歡豐滿的女性。」

知道消息後，島上的年輕女性們又開始大吃大喝以求增肥，不知不覺間，島上幾乎沒有瘦的女性了。島上的食物被吃得亂七八糟，為預防饑荒而儲存的糧食也所剩無幾。可誰知，最後王子所選的新娘，卻是一位不胖不瘦的女性。王子的理由是：「如果是不瘦不胖的女性，不必擔心她會餓死，永遠都能保持健康。」

可見，如果一個人只是盲目地去迎合別人，被錯誤的思想主導，是不可能主宰自己的命運的。做自己思想的主人，成為自己想成為的人，是身為一個自由人，成就自己、實現夢想的關鍵所在。否則，就會成為思想的傀儡，行屍走肉般的履行所謂冥冥之中、上天注定的安排，這樣的結果必然是失敗的。

一旦你開始了解並真正主宰自己的思想時，你就會完全明白，你就是自己未來的創造者，你實現任何願望的自由和所有力量，都源於你頭腦中的思想。

做喜歡做的事

當我和小狗親熱時，我會感到很開心；當我觀察魚缸中的金魚時，我會感到很愜意；當我步入清晨的公園時，我會感到很舒暢。我喜歡做這樣的事情，也盡量使自己持續地處於這種快樂的狀態中。然後，我只需去想像我想要的東西，這些東西就會出現在我眼前。

—— 傑克・坎菲爾

吸引力法則的出發點是想像你想要得到的東西，因為這個東西是你想要的，所以你才會喜歡，才會樂意去想像、去感覺、去實現。成功運用吸引力法則，就是要持續這種喜歡的狀態，去做你喜歡做的事情。

什麼是你喜歡做的事情呢？這就要問你自己的感覺了。如果散步能使你感到開心，那就去做吧！如果和那個漂亮女孩聊幾句，能使你感到快樂，那就去做吧！如果吃一塊奶油香味的巧克力，能使你感到心滿意足，那就去做吧！

如果你找到了真正能使自己開心的事情，並對這個事情付諸行動之後，大量能使你感到快樂的人、事、物、情境，就會在吸引力的作用下，

不斷向你聚集過來，並滲透到你的思想和生命中。因為你散發出的是開心和快樂，得到的也必然是開心和快樂。

做自己喜歡做的事，能使自己開心，在持續保持開心的這種良好狀態中，你的「要求」便被吸引而來。正如人們通常所說的——興趣是最好的老師。只有在自己感興趣的領域努力，才更容易做出令人矚目的成就。

每個人都懷揣著做自己喜歡的事，做符合自己個性、興趣愛好、令自己感到身心愉快的工作。沒有人可以剝奪別人做自己喜愛工作的權利，也不應該強迫別人去做這樣那樣的工作。如果明確做自己喜歡的事、或符合自己個性和興趣愛好的工作，就應該努力地堅持做下去。

《羅密歐與茱麗葉》這部愛情悲劇的作者——威廉・莎士比亞，是英國偉大的戲劇家和詩人，一生為人類留下 37 部戲劇，其中至少有 15 部被公認為世界文學史上的瑰寶。300 多年來，莎士比亞的戲劇一直被人們傳誦、排演著，他成為全世界最受歡迎的作家之一。

莎士比亞何以獲得如此大的成就？因為他在做自己喜歡做的事。

1564 年，莎士比亞誕生在英格蘭中部美麗的亞芬河畔，他的父親約翰・莎士比亞是個精明、能幹的商人。

7 歲的時候，父親把威廉送到一所文法學校上學，但他卻不用功，老是被老師用教鞭提醒著去讀書。他不喜歡那些古板的祈禱文，他喜歡閱讀古羅馬作家用拉丁文寫的歷史故事，喜歡一個人在郊外的田野裡漫遊，聽秋蟲鳴叫。尤其是每年的五朔節，熱鬧非凡，戲班子從倫敦來到小城斯特拉福舉行各種表演，這是一年中，威廉最快樂的日子。他每場演出必到，戲班子走到哪裡，他就跟到哪裡，痴迷地觀看每一場精彩的演出，直到戲班離開斯特拉福城為止。

14 歲，威廉離開了學校，來到父親的店鋪裡幫工。但是，他對織手套、收購羊毛等工作並不感興趣，仍然迷戀著戲班子和戲劇。幾年以後，

威廉結婚了，隨之而來的是沉重的生活壓力。莎士比亞決定到倫敦去闖一闖。在倫敦，他幾乎什麼工作都做：寫歌詞、替人家購物、在碼頭做搬運工……但這些仍然不是莎士比亞所喜歡的，他最嚮往的還是劇場。

每逢泰晤士河邊幾家劇場的演出季節，莎士比亞都會看著劇場上空飄揚的五顏六色旗幟，心想：我一定要讓我寫的劇本在這裡上演！

後來，他在一家劇院，找到一份替客人看管衣帽、照料有錢觀眾上下馬車，還在後臺打雜的工作，從此，一有空閒，他就躲在後臺靜靜地觀看演員們的排練。這裡，成了他的戲劇學校。就是在後臺的這個地方，孕育出一位名垂青史的戲劇大師。

莎士比亞不僅看戲，還自己練著寫戲。夜裡，劇場散了以後，莎士比亞就躲在自己的小屋裡，在昏暗的燭光下寫起來。廉價的包裝紙，成為他記錄靈感的最好稿紙。1592 年新年，對莎士比亞來說是個難忘的日子，他的劇本《亨利六世》在倫敦最大的三家劇場之一 —— 玫瑰劇場上演。莎士比亞一炮打響了，《亨利六世》的賣座收入竟達整個演出季節的高峰，劇場老闆看中了他，與他簽訂了提供劇本的長期合約。

莎士比亞的名氣越來越大，他的作品在英國一次又一次地引起轟動，就連女王也對他大加讚賞，決定授予他爵士稱號和族徽。族徽在當時是極高的獎賞，上面刻著長槍、老鷹、頭盔，和一句「並非無權」的名言。但是，莎士比亞並沒有自我滿足，他開始向自己挑戰，決心寫出更多、更好的作品。很快，《理查三世》、《威尼斯商人》、《溫莎的風流婦人》、《哈姆雷特》、《奧賽羅》、《李爾王》相繼上演。悲劇《哈姆雷特》的轟動效應，更使莎士比亞登上藝術的頂峰。

雖然莎士比亞賺了許多錢，但他仍然喜愛戲劇，迷戀戲劇。他把國王的賞賜和自己所賺的錢集中起來，投資建造了著名的環球劇場，而沒有用來經商，做別的生意。可以說，莎士比亞的一生是為戲劇而活著的。

如果少年時代的莎士比亞聽從父親的安排，做自己不喜歡的經商職業，即使他付出再大的努力和再多的勞動，也不會超過他在文學藝術方面的成就。對他不喜歡的職業，他會有耐心和熱情去奮鬥嗎？

正因為莎士比亞從小就與戲劇結下不解之緣，長大後又得以從事自己喜愛的戲劇創作，才使他有極大的熱忱和非凡的創造力，為人類留下許多不朽的藝術財富。

吸引力法則認為，當一個人正在做自己喜歡做的事情時，他的心情是愉快的、態度是積極的，而且他也很有可能在所喜歡的領域裡發揮最大的才能，創造最佳的成績。莎士比亞就是一個有力的證明。

選擇的自由和權力

每個人都面臨三個選擇：通天之路、平庸之路、墮落之路。高貴的靈魂選擇的自然是通天之路；卑微的靈魂走的自然是墮落之路，而介於這兩者之間，還飄蕩徘徊著許多平庸者。高貴，平庸，卑微，是否已成定局？非也。每個人都有選擇的權力，每個人自己決定了其靈魂應走之路。

—— 約翰・奧森罕（作家、思想家）

人生從某種程度上來說，就是在不斷選擇中度過的。

每天清晨，當我們睜開雙眼，就會面臨許許多多的選擇。要不要睜開眼睛？要不要醒過來？要不要再賴床一下？都是每天必做的簡單選擇。而什麼事是我們應該做的？什麼事是值得做的？人生的道路應該怎麼走？則是我們不斷思考和選擇的複雜問題。

選擇是一種自由。歐洲一位啟蒙思想家說：「不要放棄你選擇的權力，因為那等於放棄你的自由。」在政治上，你可以選擇你認為合適的人為代表，這是你的自由。在宗教上，你可以自主決定你的信仰，這也是你的自由。人們的自由，其實就是在不受外力干擾的情況下的選擇。

很多人也許並未意識到，當他們走進一家鞋店時，他們可以買一雙黑色的鞋，也可以買一雙棕色的；當他們走進一家服裝店時，他們可以買一件淺色的外套，也可以買一件深色的；當他們打開收音機時，可以調到這個電臺，也可以調到那個電臺；當他們走進一家霜淇淋店時，可以買一個巧克力脆皮，也可以買一杯鳳梨汽水；當他們想去看電影時，可以去附近的電影院，也可以去市區的電影院。是的，千真萬確，就是這樣。

選擇也是一種權力。當你要度假時，如果你選擇去海濱而不是去爬山，你就做出了選擇。如果你要買一輛汽車，你可以選擇買某個特殊的牌子，也可以選擇買另一個製造廠的車。換句話說，一個人所掌握的最大力量，就是：選擇的權力。

現在再回到吸引力法則上。吸引力在發揮作用時，積極的會吸引積極的，消極的會吸引消極的，這就要求你必須作出選擇，是告別消極？還是向積極靠攏？

同樣，關於吸引力這個祕密本身，你也有選擇的權力和自由，這完全取決於你的思想。

你已經明確地知道這個祕密，至於是否相信這個祕密，如何運用這個祕密，你完全擁有選擇的自由和權力。如果你覺得這個法則很棒，那麼接下來你可以選擇接受它、運用它；如果你覺得這個法則並不太理想，你就可以放下它，去尋找那些能讓你感到滿意、感到美好的東西。你不必因為不十分信服這個法則而心懷不安，若有所失，你要相信你的選擇總是對的，因為選擇美好，持續地感覺美好，也正是吸引力法則的要求。

生命的旅途上布滿十字路口，我們該何去何從？我們是否會到達終點？我們如何才能走在正確的道路上？這一切都取決於我們的思想，取決於我們在作出選擇時的一種心理感覺。

最近，老國王一直在為尋找接班人而苦惱。他非常看重自己的兒子哈里，但是不知道哈里到底能不能勝任這份重任。於是，老國王召集眾多臣

子，向他們詢問他們眼中的哈里都有什麼壞毛病。

大臣們你一言我一語的說了起來，「他還不夠成熟，恐怕不能挑起這個擔子」，「哈里王子似乎還缺少某些成為王者的魄力」，「哈里的經驗太少了」……老國王很沮喪，因為他聽到了哈里這麼多的缺點。

一位老神父看到老國王鬱鬱寡歡，便詢問發生什麼事情，老國王便把當天的事情說了出來。聽完之後，老神父笑著說：「原來是這樣。不過我有一個好方法，你可以試一試。」

第二天，老國王又召來那些臣子。這一次，老國王請他們列舉哈里身上有哪些優點。大家又熱烈的討論開了，「哈里是個很有責任感的孩子」，「小王子很能和人打成一片」，「他還很懂得鑽研」……

老國王很高興，不久便作出了自己的選擇。而哈里繼承王位之後，也向眾人證明了自己不凡的能力。

看完這個故事，可能有些人會覺得，選擇有時看起來的確很艱難，因為任何事情都像一枚硬幣，都是一把雙刃劍，各有利弊，實難抉擇。人們很多時候由於過度關注事物的負面，而變得不快樂，他們苦惱、挑剔、埋怨。其實，如果你理解吸引力法則的奧祕，你就會自由的、輕鬆的作出任何選擇。

在選擇時，你一定要感覺美好。當你用一種積極、豁達的態度看待，它就會變得很美好；而用消極、過度苛求的態度對待，它似乎就變得很差了。同一個事物，只是考慮的角度不同，就會有千差萬別。對待一個人更是如此。人非聖賢，孰能無過。如果能多看一些別人的長處，那麼人與人之間的交往便會更和諧、愉快；如果用一種狹隘的思想對待他人，那麼心中鬱結的永遠是憤懣和敵視。

這個世界不是缺少美，而是缺少發現。選擇美的一面，感覺美的一面，你的選擇就是成功的。

保持年輕的心態

當青春的光彩漸漸消逝，永不衰老的內在個性卻在一個人的臉和眼睛上更加明顯地表露出來，好像是在同一個地方久住的結果。

—— 泰戈爾

生命從出生開始，就不可抗拒地逐步走向衰老，這是自然規律，任何人都無法違背。但身體的健康、身心的自由和精力的充沛，不必在 35 歲或 40 歲就宣告結束，也不必在 60 歲或幾十歲時完全停止，因為人的年紀，除了生理年齡，更重要的是心理年齡。

心理年齡，就是一種心理狀態，一種心理思維。

隨著年齡的與日俱增，人應該有更加寬廣的判斷力和更加成熟的智慧。人的思維不應變得遲鈍或失去創造力，而應該在實踐的基礎上，在自己的面前有一幅更加強壯的形象 —— 年輕的活力和飽滿的精神。正如一首讚美詩所說：「就像藝術一樣，你的生命不應該有盡頭。不管你的年齡有多大，都沒有必要待在壁爐旁的角落裡『養老』。歲月帶給你的應該是智慧和健康，而不是衰老」。

還有一位哲人說：「忘老則老不到，好樂則樂常來。」這句話也很有道理。現代科學研究顯示，人的心理機能對人體各個器官有極其微妙的作用，它可以延緩機體的衰老過程。俗話說，「人老心先老」，指的就是人的心理與生理機能的辨證關係。延緩生理的衰老，就是要從心理消除衰老，就是在思維上「忘老」。

你可以在 30 歲的時候老去，也可以在 90 歲的時候依然年輕有活力，這一切都取決於你自己的思維。

如果你希望自己年輕，那麼從現在開始，就感覺年輕吧！找一張你年輕時的照片，放在臥室的桌子上，然後在每天睡覺、起床時，想像你年輕

的樣子。在你的思維中，將照片中的你想成現在的你。持續下去，年輕就會被你吸引而來。

冰心（1900～1999年），人稱「世紀老人」，福建長樂人，原名謝婉瑩，筆名冰心。現代著名詩人、翻譯家、作家、兒童文學家，崇尚「愛的哲學」，母愛、童真、自然是其作品的主旋律。她非常喜愛小孩，把小孩視為「最神聖的人」，深受人民的敬仰。

冰心從青年時期，就開始為小朋友們寫作，熱情呼喚和謳歌童心、母愛和自然，無論詩歌還是散文，都散發著童稚的清新與甜美。她永遠是孩子們的朋友，為孩子們創作大量的作品。無論是寫《寄小讀者》時的姐姐身分，還是寫《三寄小讀者》時的奶奶身分，都始終是他們的知心朋友。冰心80歲時還寫信給孩子們，發出「生命從80歲開始」的心聲。

她說：「我是『天真』到了不知耄耋的地步！60年中，我已收到小讀者們大量的來信，熱情的迴響，使我永遠覺得年輕！」孩子們成為冰心的感情寄託，成為她與疾病搏鬥、保持良好情緒的精神支柱。冰心的第二個創作高峰期是年過八旬之後。

冰心老人一生喜愛紅玫瑰。老人逝世時，前來告別的親朋好友，都拿著玫瑰來弔唁。那紅撲撲的玫瑰正代表冰心那顆永遠火熱和年輕的心。

冰心老人之所以能享高壽，與她赤誠的童心、開朗的性格、勤奮的筆耕密不可分。她精神不老、健康長壽、詩文長青的主要祕訣，就是她永遠年輕的心態。

年輕的心態是一種內心的愉悅，是情感的慰藉，是精神的支撐。擁有青春快樂的心態，就會緊緊地盯住今天，緊緊地抓住現在，心裡就會坦然，用豁達去戰勝狹隘；就會用一種積極的姿態去審視和擁抱人生，不會埋怨什麼、後悔什麼，讓心胸如大海般寬廣，用寬容的心去對待世間的人和事，讓浮躁的心靈歸於平靜，回歸自然；就不會因為風雨而錯過彩虹，

因為見不到太陽而失去星星，即使置身於陰暗的洞窟，也能讓自己活出陽光的滋味。

享受生命

享受你的生命吧！生命與生俱來就是不平凡的，對任何人來說，它都是一趟精彩的旅程。現在就去享受它！

—— 鮑伯·普克特

生命是最寶貴的，每個人都只有一次，但很少有人認真想過，該如何去享受這彌足珍貴的生命。很多人一生為名利、金錢、情感……而殫精竭慮，最後卻只能如此慨嘆：「我只是使用了生命，而不曾享受生命。」

其實，人生來就是為了享受生命的。你可以這樣假想：上帝創造人類的那一天，就是覺得他創造的這個世界美麗而又單調，那麼多的蔬果食糧，那麼美的河流山川，應該造一些跟他一樣智慧的人去享用它、主宰它。於是有了伏羲女媧，有了亞當夏娃，有了祖先，也有了我們，有了生生不息的創造與繁衍，也有了紛繁複雜的悲歡世界……

然而，很多人卻背離上帝的初衷，變得提不起、放不下，為享受而享受，把占有視為享受的終極目的，以為上帝讓我們享受，就是獨占，獨占物質、獨占自然、獨占榮耀、獨占所有的好，把所有的壞留給別人。於是，有人為了擁有財富而目不轉睛；有人在獲得金錢的同時，不顧廉恥與自尊；有人會因既不富也不貴而倍感無奈和淒苦……

為什麼我們不能真正地享受生命呢？

當你充分享受生命時，你就會真正地快樂，你的內心就會產生無窮的幸福感，你就處於一種持續美好的狀態中。這時，吸引力法則再一次在你身上得到體現。

　　你會很興奮地與你所愛的人分享你的生命。你感到高興的事、你的熱情、你的幸福感，都會具備前所未有的感染力。你會生活在與常人不同的現實中，過著與眾不同的生活。

　　對此，很多人都會看著你，不解地問道：「你到底做了什麼與我們不一樣的事？」唯一不同的就是，你在生命中，運用了這個祕密。

　　湛藍的天空掛著幾朵白雲，海面風平浪靜。時間還是上午，一個老漁夫悠閒地坐在海邊，一邊抽菸，一邊凝視著大海，身旁是他的漁船。他看起來滿足而自在，心中了無牽掛。

　　這時，一個大富翁走了過來。

　　富翁：「這麼好的天氣，你怎麼坐在這裡抽菸啊？」

　　老漁夫：「這麼好的天氣，為什麼不坐下來抽菸？」

　　富翁：「這麼好的天氣，你不能坐下抽菸！」

　　老漁夫：「那我該做什麼呢？」

　　富翁：「你應該抓緊時間出海打魚。」

　　老漁夫：「我一大早已經出海回來了，打的魚足夠好幾天的生活了。」

　　富翁：「那你也該抓緊時間再多出去幾次，打更多的魚。」

　　老漁夫：「然後呢？」

　　富翁：「然後每天如此。」

　　老漁夫：「然後呢？」

　　富翁：「然後你用賺來的錢，買一艘新船，租出去。」

　　老漁夫：「然後呢？」

　　富翁：「然後賺很多的錢，買更多的船，賺更多錢……」

　　老漁夫：「然後呢？」

　　富翁：「然後你成功了，你就可以悠閒地坐在海邊，抽一袋菸，享受人生！」

老漁夫：「你看我現在在做什麼呢？」

富翁：……

這是一個充滿禪意的故事。在這個極度競爭的時代，很多人為了功名利祿，用辛苦和煩惱替換一天天美好的光陰，就這樣，為了享樂，苦了一生；為了休息，忙了一生。其實，生命絕不該如此虛度浪費，而應充分享受。

享受生命，就是懂得如何追求，如何擁有，如何珍惜，如何放棄；享受就是去體驗，去感悟，去尋找，去熱愛。我們的生命寶貴而又短暫，要牢記：今天就是生命 —— 是唯一你能確知的生命，就在今天，使自己對某件事情感興趣，把自己搖醒，培養一種嗜好，讓熱忱的風掠過你，以高昂的興致來享受今天。

現在就去感覺美好，現在就去享受生命。

名人連結 —— 馬丁・路德・金恩　　　　　◇

　　馬丁・路德・金恩，美國著名民權運動領袖，1964 年獲得諾貝爾和平獎，有金恩牧師之稱。其反對種族歧視、爭取平等的一生，為黑人帶來福音，他用自己不屈的行動，詮釋生命的尊嚴和祕密。他運用吸引力法則，對自己的生命和同類的生命作出了積極的改變。

　　馬丁・路德・金恩，1929 年 1 月 15 日出生於美國亞特蘭大。父親是牧師，母親是教師。他從母親那裡學會怎樣去愛、同情和理解他人；從父親那裡學到果敢、堅強、率直和坦誠。但他在黑人區生活，也感受到人格的尊嚴和身為黑人的痛苦。

　　15 歲時，聰穎好學的金恩以優異成績，進入摩豪斯學院攻讀社會學，後獲得文學學士學位。

　　儘管美國戰後經濟發展快速，強大的政治、軍事力量使它登上「自由世界」盟主的交椅，但國內黑人卻仍在經濟和政治上備受歧視與壓迫。面對醜惡的現實，金恩立志為爭取社會平等與正義而成為一名牧師。他先後就讀克拉澤神學院和波士頓大學，於 1955 年獲神學博士學位後，到阿拉巴馬州蒙哥馬利市德克斯特基督教浸禮會教堂當牧師。

大學期間，金恩潛心研究過馬克思的社會主義、法國哲學家穆尼埃的人格主義、愛爾蘭哲學家柏克萊（George Berkeley）的道德理想主義。他閱讀柏拉圖、盧梭的著作，潛心鑽研過尼采的「超人」哲學和甘地的「非暴力主義」。他並非簡單地、機械地接受這些思想家的觀念，而是把這些觀念作為可以播種自己信念的沃土，逐步形成自己獨到的理論基礎。

金恩認為，人人生而平等。不論男人女人、黑人白人、老人小孩和智者愚者，也不管人的愛好、資歷和財產是否相同，都是能夠思維的人類大家庭中的一員，都應該受到尊重。金恩主張公正無私的愛、普遍的愛，愛一切人，甚至要愛敵人。「敵人不愛你，因為敵人不懂得什麼是愛；我們愛敵人，是對一切人的救贖性的善良態度。」信仰人的尊嚴和價值、基督教的普遍仁愛、甘地的非暴力不合作精神，構成了金恩的思想基礎和行動準則。

1955 年 12 月 1 日，一位名叫羅莎・帕克斯（Rosa Louise McCauley Parks）的黑人婦女，因在公共汽車上拒絕讓座給白人，而被蒙哥馬利市當地警員以違反公共汽車座位隔離法為由逮捕。金恩立即組織黑人進行抵制公共汽車歧視黑人的運動。全城 5 萬名黑人拒乘公共汽車 385 天，最終迫使最高法院宣布在交通工具上實施種族隔離為非法。這是美國南部黑人第一次以自己的力量獲得抗爭勝利，從而揭開了持續 10 餘年的民權運動的序幕。這次成功也使金恩成為民權運動的領袖。

此後，金恩竭力主張運用非暴力的方式為黑人爭取權益。他認為，只要一個國家的立國理念是人道的、自由的，即使由於歷史的原因，還存在許多暗角，人們對平等、正義的訴求也遲早會獲得勝利。

1960 年 1 月 31 日，一個黑人大學生到一家連鎖店買酒遭到拒絕，理由是「我們不為黑人服務」。金恩於是發起「入座運動」，具體做法是，平靜地進入任何拒絕為黑人服務的地方，禮貌地提出要求，得不到就不離

開。不到兩個月，運動席捲美國南部 50 多座城市。參加者打不還手，罵不還口，服裝整潔，頭髮一絲不苟，以最有尊嚴的目光請求服務。縱使遇到嘲弄、侮辱，依舊不卑不亢，得不到服務，就坐下來讀書。許多人在運動中被捕，但金恩早已發出號召 ——「填滿監獄」。

1963 年 8 月，金恩組織了美國歷史上影響深遠的「自由進軍」運動，率領 20 多萬名黑人向首都華盛頓進軍，為全美國的黑人爭取人權。8 月 28 日，金恩在林肯紀念堂前發表著名演說〈我有一個夢〉，發出反對種族歧視、爭取平等的正義呼聲。迫於巨大的壓力，美國總統詹森於 1964 年簽署了民權法案。同年，馬丁・路德・金恩獲得諾貝爾和平獎。

1968 年 4 月 4 日，馬丁・路德・金恩在支持田納西州孟非斯市清潔工人罷工的運動中，被種族主義分子暗殺，年僅 39 歲。他的遇害引發美國歷史上前所未有的黑人抗暴運動浪潮，席捲全美 125 個城市。

1986 年，美國政府將每年一月的第三個星期一（金恩的誕辰）定為馬丁・路德・金恩全國紀念日。1987 年，他的誕生日被聯合國定為紀念日。

第五節　世界的祕密運用

相對於漫長的地球歷史來說，人類的誕生並不久遠。直至現代社會的今天，身為萬物的靈長，人類還面臨著各式各樣的問題：貧窮、飢餓、疾病、自然災害、環境汙染、能源枯竭、暴力衝突、恐怖襲擊、局部戰爭……等，這些都需要人類自身逐步去解決，去完善。

而在這改善的過程中，身為世界的一員，每個人都應作出自己應有的貢獻，這對任何人來說都是不容推卸的責任和義務。

對此，吸引力法則同樣在這方面發揮它的引導作用。

注意力盲點

每天早晨醒來，一想到所從事的工作和所開發的技術將會給人類生活帶來巨大的影響和變化，我就會無比興奮和激動。

—— 比爾蓋茲

在科技迅速發展的今天，人們已置身於資訊的汪洋大海之中。網際網路、電視臺、電臺、報紙等，每時每刻都在向人們發出各種資訊。全世界僅報紙一項，每天就有幾億份在發行，每月出版的書籍雜誌也有幾萬種，網際網路上雪崩式的訊息更是讓人應接不暇。

面對當前資訊爆炸的現實，人們究竟應該將有限的注意力放在哪裡？

一位哲人說過：「絕對的光明與絕對的黑暗，對於一個人來說，結果是一樣的 —— 什麼也看不見。」同樣，沒有資訊與擁有無限多的資訊，結果也一樣 —— 在無限多的資訊中，你將無法或很難找到對你真正有用的東西。

於是，很多人開始盲目起來。為了得到自認為有效的資訊，為了了解

自己所處的這個世界在發生什麼，他們開始抽時間關注一切熱門資訊，並慢慢養成習慣，特大事故、重大災害、恐怖事件、局部衝突……等，總是看得津津有味。而這些文字的創造者們，也充分利用讀者的這種注意力傾向，特意將少見的、出人意料的負面資訊放在醒目的位置。

其實，編者和讀者的注意力都陷入一種盲點。吸引力法則認為，專注在負面事物上，是無法幫助這個世界的。當你專注在這個世界的負面事件時，不僅會增加它們的能量，也會為自己的生命帶來更多負面事物。

當發生的事情不是你希望發生的，這就是吸引力在提示你應該改變想法、發出新的訊號了。即使世界局勢依舊如此，你也是有吸引力和影響力的。

當代作家李敖是世界上最特立獨行的理想主義者，他寫過 100 多本書，可是其中 96 本被查禁，寫禁書之多，被查禁量之大，堪居世界第一。另外，這個學識淵博、性格堅韌、作風頑強的文豪，不上網也是眾所周知的。

李敖解釋道：「上網引起我一個不愉快的聯想，我在當年做預備軍官要上廁所，可是軍中的廁所很髒，門上和牆角上有很多牢騷，平時都不敢發，只能在廁所牆上寫。上網就好像是在廁所的門上寫字。上網第一個是他們有大量的閒工夫；第二，內容精彩的不多，垃圾很多，所以你花很多時間看垃圾，很痛苦。網路中的資訊太多，人必須有非常好的判斷是非能力，才能不被網路汙染。」

的確，網路上除了豐富的有益資訊外，還存在大量色情、暴力、虛假廣告等有害資訊，這些垃圾資訊氾濫，已形成網路新公害。不過，類似這種資訊，也只是一種顯性的危害，還有一種隱性資訊，也是應該拒絕的。

當國內或國際發生一些戲劇性的事件，報紙的銷量就會大增；當發生重大的災難事故，新聞頻道的收視率就會直線上升；當發生一些醜聞，網

路上就會有成版的專題報導和超常的點擊率及評論。當然，對於這些事件的報導，也不能將責任歸咎於報紙和新聞媒體。因為他們給出的壞消息，只是充分迎合我們的興趣，在他們看來，那些就是最能吸引注意力的，就是我們想要的，是我們吸引了他們。

顯然，這是不合適的。身為地球村的一分子，每個人都應該為此負責，將自己的注意力專注於所有人的喜悅，專注於食物的充盈，把最強而有力的思想，放在想要的事物上。就像比爾蓋茲，將自己的精力和智慧，置於全世界資訊技術的改善和進步工作。只要你這麼做，你同樣能透過散發出愛和幸福的感覺，來對這個世界作出自己的貢獻。

博大的愛心

思想與愛的融合，形成吸引力法則不可抗拒的力量。

—— 查爾斯‧哈奈爾

愛是不會老的，它留著的是永恆的火焰與不滅的光輝，世界的存在，以它為養料。

—— 左拉（作家）

博大的愛心並非一般意義上的愛，它是博愛眾人，博愛世界。

博愛要求人與人之間互相關心、互相幫助，主張人人平等。博愛既是無私的，又是廣大的。既能把這種愛給予親人，給予朋友，也能把這種愛給予陌生人，甚至是自己的對手。

一個沒有愛的軀體，只是一具行屍走肉。一個向世人散播愛的人，他的生命是豐富多彩的。他會吸引更多的愛，被更多的愛潤澤。他的能力會不斷得到提升，他的影響力會變得越來越大，最終，他將成為一個真正的強者，實現自己的一切願望。

　　所以，要使人生過得非凡而有意義，就應該選擇博愛。選擇博愛，就是選擇用一顆充滿愛的心去關心身邊的人和事物，就是選擇把自己的整顆心，用於對生活的熱愛和對世界的感恩。

　　選擇博愛，就是選擇對情感的珍視。人生路上，處處關情。親情、友情、愛情，無不讓生命充滿感動與絢麗。每一個生命都走不出情感的影響範圍，是那些情感讓人們好好生活，好好工作，好好珍惜屬於自己的分分秒秒。珍視情感，讓生命多些感動與回味。

　　選擇博愛，就是選擇對萬物的眷戀。時光總在飛快地流逝，眼前的一切無不如白駒過隙，成為往事，所以都應加倍珍惜。當清晨的第一縷陽光射進瞳孔；當晶瑩剔透的水珠滑過你的臉龐；當微風中樹葉的絲絲顫動飄入眼簾……都會激發你對萬物的景仰和對生命的熱愛。

　　莎士比亞說：「慈悲不是出於勉強，它是像甘露一樣，從天上降下塵世；它不但將幸福給受施的人，也同樣將幸福給施與的人。」

　　在波士尼亞的一個小村莊裡，住著一個名叫弗西姆的婦人，她有兩個可愛的兒子和一個善良的丈夫。她的丈夫在奧地利工作，有一天，她丈夫從奧地利帶回兩條金魚，養在魚缸裡。

　　不久，波士尼亞戰爭爆發了，弗西姆的丈夫為國家獻出了生命，而戰火也毀滅了他們的家園，弗西姆只好帶著孩子到他鄉逃難。臨行前，弗西姆並沒有忘記那兩條金魚，因為那也是兩條生命啊！而且還是丈夫給自己和孩子的禮物。她把金魚輕輕地放入一個小水坑裡，然後出發了。

　　幾年以後，戰爭結束了，弗西姆和孩子們重返家園。家鄉仍是一片廢墟，弗西姆不知道怎樣才能使自己的家重現生機。

　　忽然，她發現在她曾放入金魚的小水坑裡，浮動著點點金光，原來是一群可愛的小金魚。它們一定是那兩條金魚的後代。弗西姆突然看到了希

望，她像是看到了丈夫的鼓勵。她和孩子們精心飼養起那些金魚。她相信，生活會像金魚一樣，越來越好。

弗西姆和她的金魚故事逐漸流傳開來。人們從各地趕來，觀賞這些金魚，當然，走的時候也不會忘記買兩條帶回家。也許，那金魚就象徵著希望。沒過多久時間，弗西姆和孩子們憑著賣金魚的收入，過上幸福的生活。

我們無法預言金魚的繁衍，那是偶然的，但是，博愛之心不是偶然的。愛心不管在哪裡開花，終究有一天會在那裡結出果實。所以，不要放棄任何表達博愛之心的機會，哪怕只是拯救兩條金魚。

生命就像是一種回聲，你送出去什麼，它就送回什麼；你播種什麼，就收穫什麼；你給予什麼，就得到什麼。這種回聲就是吸引力。不論你是誰，如果你把最美好的給予別人，就會從別人那裡獲得最美好的。如果你在博愛他人，博愛世界，那麼你也會受到博愛。

為世界創造財富

財富應當用正當的方法去謀求，應當慎重地使用，應當慷慨地用以濟世，而到臨死時，則應當無留戀地與之分手。當然，也不必對財富故作蔑視。

—— 培根

財富是人類追求的主題，是人生價值的終極體現。從個人角度來說，財富是維持生存的必要基礎，擁有財富，可以讓生活變得更加美好；可以為施展聰明才智提供更多的空間；可以獲得更多的幸福體驗。從廣義角度來說，個人創造的財富，能推動整個社會的經濟發展和科學進步，對全人類生活水準的改善和提升，也會產生一定的影響。

財富在人們的生活中是不可或缺的，也正因為如此，往往有很多人對自己的財富現狀感到不滿。其實，對任何人來說，生活本身都是富足的，

你之所以產生這種感覺，是因為你沒有看清周圍的實際情況。

不要忘記，人生來就具有無窮的創意、無盡的動力、無限的愛心，以及無盡的歡樂。這些都來自人對自身本質的充分認知。

在吸引力法則的作用下，你的這些創意、動力、愛心、歡樂……等，就像一塊塊磁鐵，一旦你充分釋放了這些思想意識潛能，你的物質世界就會得到與之相關的一切。你想得到歡樂，就會得到歡樂；你想得到令人滿意的財富，就會悉數得到。

只要你具備這種意識，對自身的潛能有充分而準確的認知，就會發現自己不但有能力改變財富現狀，而且能為自己、為世界創造財富，為周圍的人帶來福音。

尤納斯（Muhammad Yunus），1940 年出生於孟加拉吉大港的一個中產階級家庭。父親是當地有名的珠寶商，母親是受過良好教育的知識女性，她對窮人總是深懷同情。這對尤納斯產生了畢生的影響。

1961 年，尤納斯碩士畢業後遠赴美國深造，1969 年獲得經濟學博士學位。1972 年，孟加拉獨立僅僅一年後，尤納斯就毅然回國，擔任吉大港大學經濟學教授。

回到闊別多年的家鄉，尤納斯看到周圍很多人仍過著極其貧困的生活，他感到非常不安。1974 年，孟加拉又遭遇一場大饑荒，這也徹底改變了尤納斯的人生。「為什麼那些一天工作 12 小時，一週工作 7 天的人，都不能獲得足夠的食物？」尤納斯覺得自己要從書本的理論中走出來，要去接觸現實，調查研究。他下決心全力幫助那些飢寒交迫的窮人。

1976 年，尤納斯在喬不拉村調查，發現一位編竹椅板凳的婦女，工作十分辛苦，每天卻只能賺 2 美分。他非常吃驚：這位勤勞靈巧、能製作漂亮竹椅的婦女，每天只能賺這麼一點錢！那位婦女解釋說，由於沒錢購買製作竹椅的材料，她不得不去找一位商人借錢；商人只許她把竹椅賣給他，

收購價還由他說了算。尤納斯想，要是這位婦女能借到一筆低息小額貸款當本錢，不就可以賺更多的錢，逐步改善自己的生活嗎？此後，他找了好幾家銀行，甚至找到政府部門，希望他們可以貸款給村裡的窮人，得到的回答卻都讓他失望透頂：窮人還不起債，把錢借給他們，等於打水漂！

尤納斯決定自己來做這件事。他用薪水和財產當抵押，向銀行貸款 1 萬塔卡（孟加拉貨幣，相當於現今 92 美元），開始給這個村的農戶做小額貸款。農戶從他手裡貸款做買賣，賺了錢，基本上都很有信用地還清貸款。

隨後，尤納斯的業務越做越大，知名度也越來越高，貸款範圍擴大到相鄰的各個村莊，貸款農戶從不到 100 人，增加到 4.5 萬人。這時，尤納斯萌生自己創辦全球第一家專門向窮人貸款的鄉村銀行的想法。

尤納斯把這次探索命名為「格萊閩工程」。在孟加拉語中，「格萊閩」是鄉村的意思。這項工程像滾雪球般越做越大，最終得到了政府的認可。1983 年，孟加拉政府正式批准尤納斯成立格萊閩銀行。至此，尤納斯的小額信貸業務走上了規模經營之路。截至 2006 年，格萊閩銀行累計放貸 53 億美元，幫助 400 萬窮人脫貧自立。

尤納斯創辦的格萊閩銀行維持了高達 97% 的還款率，穩居世界銀行業之首。現在這一小額貸款模式，已被複製到 100 多個國家，不僅包括發展中國家，連美國也開始效仿。可以說，這種模式已經成為世界經濟發展的一個重要組成部分，9,000 萬窮人從中獲得了貸款服務。

創造財富，就是創造新的和更好的東西。尤納斯創辦的格萊閩銀行，改善了人們的生活現狀，幫助無數窮人脫貧自立，為世界創造了難以估量的物質財富和意義深遠的精神財富。2006 年，挪威諾貝爾委員會將諾貝爾和平獎授予給尤納斯，以表彰他為社會底層創造經濟財富和社會發展所做出的努力。

宣導和平

　　從吶喊的深淵中，從一切憎恨的深淵中，我要向你高歌 —— 神聖的和平。

—— 羅曼·羅蘭

（思想家、文學家、人道主義者）

　　人類自出現以來，就一直沒有停止過戰爭。據統計，從地球出現文明以來的 5,000 多年中，人類先後發生了 15,000 多次戰爭，有幾十億人在戰爭中喪生，在這 5,000 多年裡，人類共有 500 年是生活在和平環境中。也就是說，每 100 年，人類最少有 90 年是生活在戰爭狀態。1990 年代以來，全世界發生 100 多場戰爭，有 90 多個國家捲入其中……

　　戰爭自出現以來，就帶給人類深重的災難，讓人民的生命和財產造成重大損失。如第二次世界大戰，共歷時 6 年之久，先後有 60 多個國家和地區參戰，波及 20 億人口。戰爭雙方動員軍隊 1.1 億人，軍民死亡 7,000 多萬人，財產損失高達 4 萬億美元，直接戰爭費用 13,520 億美元。

　　古往今來，很多人都反對戰爭，都竭力為實現和平共處而努力。但現在我們透過吸引力法則會發現，其中很多人是不得要領的。

　　愛默生說：「專注、熱愛、全神貫注於你所期望的事物上，必有收穫。」即是說，任何事物，只要你專注於它，你就在創造它。人們懼怕戰爭帶來的深重災難，所以拒絕它、反對它，一旦它真的發生，他們就會以集會、遊行、示威等形式來抵抗它。殊不知，當人們去抵抗已經出現的東西時，就等於把更多的能量和力量加在自己不想要的畫面上，並以猛烈的速度，帶來更多使自己抵抗的東西，於是，那些事件或境況只會越變越大。這就是吸引力法則消極的一面。

　　所以，不要試圖去抵抗、反對什麼，而應把精力放在號召、宣導什麼上。對於那些已經發生的壞事物，要用思想和感覺發出新的訊號，來創造新的畫面。正如德蕾莎修女所說：「我從不參加任何反戰的遊行，如果有宣導和平的遊行，我倒是很樂意。」如果你反對某個人，就去支持他的對手；如果你反對飢餓，就去支持溫飽；如果你反對戰爭，就去宣導和平。

　　1981 年，聯合國大會宣布，將 9 月大會常會開幕之日，正式定為「國際和平日」，供世界各國和人民在自己內部以及在彼此之間，紀念和加強和平的理想。

　　國際和平日定於每年 9 月第三個星期二舉行。這個節日恰逢聯合國大會在紐約舉行的常會開幕。聯合國在 1981 年宣布國際和平日，並邀請全體會員國、非政府組織和各界人士，以一種方式慶祝這個節日，藉以表現聯合國承諾維持各個民族和各個國家之間的和平。

　　1998 年 9 月 9 日，初秋的早晨，紐約聯合國總部沐浴著溫暖的陽光，臨時安放在草坪上的和平鐘，在陽光的映照下顯得格外莊重。藍色的聯合國國旗和 185 面五彩繽紛的聯合國成員國國旗，在微風中高高飄揚，來自不同國度，有著不同膚色的人們，在陽光下迎來國際和平日。紐約當地時間 9 日上午 9 時 30 分左右，聯合國祕書長安南健步走到和平鐘旁，用力敲響……

　　自世界和平日設立以來，每年的這一天，聯合國都舉行儀式，提請所有人關注、慶祝和紀念這個日子。同時，全世界的政府和非政府機構、民間社會和宗教團體，也紛紛舉行各種活動紀念世界和平日。

　　和平是世界最寶貴的財富，是人類永恆的追求。多年來，包括聯合國在內的國際社會，為實現地區穩定和世界和平作出了不懈的努力。然而，目前在全世界範圍內，戰爭、恐怖襲擊、地區衝突等多種形式的暴力敵對活動依然存在，人類實現真正和平的理想依然任重道遠。

名人連結 ── 德蕾莎　　✧

　　德蕾莎，世界敬重的天主教慈善工作者，主要替印度加爾各答的窮人服務，於 1979 年獲得諾貝爾和平獎，並被教皇約翰‧保羅二世列入天主教宣福名單。德蕾莎終生為窮苦者奔波操勞，其博愛的胸襟贏得世人的一致尊敬，以及真摯的熱愛和永久的懷念。

　　德蕾莎，1910 年生於南斯拉夫境內的一個阿爾巴尼亞族農家，本名阿格尼絲。德蕾莎小小年紀就開始思索人生，12 歲時感悟到自己的天職是幫助窮人。

　　18 歲時離開家鄉來到印度，投身於慈善事業。

　　印度加爾各答的貧民窟又多又髒，在世界大城市中素有「惡」名，以至被印度總理尼赫魯稱為「惡夢之城」，德蕾莎所住的修院，就位於其中最貧窮、最骯髒的地區。

　　令人意想不到的是，這位習慣於學校和修院高牆內優雅歐式生活的歐洲女子認為，周圍那個淒慘破敗、可怕骯髒的環境，那些瘦骨嶙峋、皮膚

黝黑、衣不蔽體、臭氣熏人的乞丐、孤兒、老弱、病人和窮漢，不但不應逃避，而且是不能漠視的；不但不能漠視，而且是必須幫助的；不但必須幫助，而且是值得去愛的！

於是，出於對受苦受難者的愛，出於幫助他們的願望，德蕾莎退出了勞萊德修會，成立一個專門無償服侍受苦人的修會，即「仁愛傳教會」。

隨後，她又設立了一所露天學校，收容失學兒童和流浪孤兒，一面給予教育，一面為他們尋找願意收養的人家。

不久，她又開始關注痲瘋（漢生）病人的境況，這種已可治癒的疾病，被人們視為瘟疫，致使病人被周圍的人遺棄。心靈的傷痛遠勝於身體的病痛，德蕾莎為此開辦了許多痲瘋病人收容診療中心，多年後竟使孟加拉大城市吉大港的痲瘋病治癒率達到 100%。

當愛滋病開始被人們視為新瘟疫，一般人對病人避之唯恐不及時，德蕾莎又奔走於歐美各國，設立多家愛滋病患者收容所，在醫生治療的同時，她和她的修女們則給予護理。

在所有這些事情中，德蕾莎不僅表現出罕見的組織才能，更重要的是，展現了她本真的愛心。她細心地從腐爛的傷口撿出蛆蟲、親切地撫摸痲瘋病人的殘肢……她的一言一行深深感動了全世界的人們。

憑著這種愛心，也僅僅憑著這種愛心，德蕾莎贏得成千上萬的追隨者。她在世界 100 多個國家建立近千個類似的機構，把食物、衣服、住房、藥品、醫護、教育……等一切，送到千百萬窮人、孤兒、災民、病人和被遺棄者的身邊，使他們感到有人在愛著他們。德蕾莎和她的追隨者們經常去的地方是：大城市裡的貧民窟、荒涼貧瘠的高寒山區、饑荒和瘟疫流行的窮國、隨時都有生命危險的震區和戰區……

1979 年，諾貝爾委員會從包括促成埃以和談的美國總統卡特在內的 56 位候選人中，選出了她，把諾貝爾和平獎這項殊榮授予這位除了愛一無

所有的修女。

授獎公報說：「她的事業有一個重要的特點：尊重人的個性、尊重人的天賦價值。那些最孤獨的人、處境最悲慘的人，得到她真誠的關懷和照料。這種情操發自她對人的尊重，完全沒有居高施捨的姿態。」公報還說：「她個人成功地癒合了富國與窮國之間的鴻溝，她以尊重人類尊嚴的觀念，在兩者之間建設了一座橋梁。」

德蕾莎從少年立志到彌留之際，幾十年如一日地為生活在最底層、最悲慘的窮苦人奔波操勞，即使身患重病也毫不停歇。1997 年 9 月 5 日，德蕾莎因心臟病在加爾各答逝世。噩耗傳來，全世界為之動容：

在印度，成千上萬的人冒著傾盆大雨走上街頭，悼念他們敬愛的「德蕾莎嬤嬤」，政府宣布為她舉行國葬，全國哀悼兩天，總統宣布取消官方活動，總理親往加爾各答敬獻花圈、發表弔唁演說；從新加坡到英國，從紐西蘭到美國，各國元首和政府首腦紛紛發表講話，為這位「仁慈天使」的逝世感到悲痛；聯合國教科文組織專門發表聲明向她致敬，羅馬教廷專門舉行彌撒為她追思；菲律賓樞機主教梅辛稱她為「代表和平、代表犧牲、代表歡樂」的象徵，甚至印度最大清真寺的伊斯蘭教長布哈里也說，她是一位「永生的偉大聖人」！

德蕾莎一生從來不為自己，只為受苦受難的人活著。她生前住的地方，唯一的電器是一部電話；她穿的衣服，一共只有三套；她只穿涼鞋，沒有襪子……但她去世之後，卻留給世人 4,000 個修會的修女，超過 10 萬名以上的義工，遍布 123 個國家的 610 個慈善機構……還有全人類最為寶貴的精神財富。

第六節　健康的祕密運用

　　健康，是人最寶貴的財富。現代健康的含義，並不是傳統意義上的身體沒有病而已。根據「世界衛生組織」的解釋：健康不僅指一個人沒有疾病或虛弱現象，還包括一個人生理上、心理上處於完好狀態。

　　吸引力法則對健康的影響，主要在於心理健康。心理健康是身體健康的精神支柱，良好的心理狀態可使生理功能處於最佳狀態，反之則會降低或破壞某種功能而引起疾病。吸引力法則就是指導你如何使自己處於這種最佳的健康心理狀態。

思想意識與身體

　　從某種程度上來說，我們的身體其實就是思想的產物。透過醫學我們會發現，思想和情感的狀態會影響身體的物質、結構和功能，從而對健康產生影響。

—— 約翰·哈格林

　　很多人認為，思想與身體之間沒什麼關聯，思想就是所思、所想，只屬於思維領域，要保持身體的健康和精力的充沛，只需攝取足夠的營養，再加上適量的運動和休息便足夠。其實，這是大錯特錯的。

　　思想與身體並不是完全不同的世界，二者有緊密的關係。

　　身體就好比思想的奴僕，絕對服從於思想的指揮。對身體的紊亂與和諧、疾病與健康，思想都發揮舉足輕重的作用。一個人若有繁重的不良思想壓力，身體就會漸漸變壞，甚至染上疾病；若由愉快、美好、健康的思想來指揮，身體則會受到青春、美麗和強健的青睞。而且，人的身體可塑性很強，它能非常迅速地對種種思想作出不同反應。無論是好是壞，一旦思想成為習慣，它就會對身體產生一定的影響。

　　眾所周知，恐怖的想法殺死人的速度不亞於一顆子彈。時至今日，這些不良想法還在不斷吞噬著成千上萬人的健康與生命。可以說，這些對疾病充滿恐懼的人，就是心理上有疾病的人。

　　健康與疾病，就像兩個戰場上對峙的敵人，你強，他就弱！只要你在吸引力法則的幫助下，用愉快、美好、健康和積極向上的思想來作為指導方針，健康就會越來越強大，你就會戰勝疾病，贏得健康！

　　從前有一個駝背的王子。由於駝背，他總是不能像他的臣民那樣直立。但他也是一個非常驕傲的王子，所以駝背帶給他的心理很大的痛苦。

　　一天，他找來國家中手藝最好的雕刻師，並且跟他說：「幫我製作一個雄偉的塑像，塑像要跟真正的我一模一樣，除了一個地方，那就是不要讓這個塑像中的我駝背。我想看看我可能成為的模樣。」

　　雕刻師便開始細緻地雕刻著大理石，將它雕刻得幾乎和王子一模一樣。數月之後，雕刻師終於完成了。他把塑像帶到王子面前問：「塑像已經完成了，我應該把它立在哪裡？」一位大臣大聲說道：「把它放在城堡的門口，讓每個人都能看到。」王子苦澀地笑了笑，搖搖頭說：「還是把它放在皇宮花園中的一個祕密的角落吧！只能讓我一個人來看。」

　　於是，塑像就照王子的要求，放在角落之中，而且很快就被人們遺忘了。但是每個清晨，每個中午，每個晚上，王子都會獨自來到塑像面前，安靜地看著它，看著這個擁有挺直的背膀、高昂的頭顱、高貴的眉毛的塑像。王子每次看著它的時候，好像總有一些東西從塑像上出來，進入自己的身體，使他血液沸騰，心臟悸動。

　　幾天過去了，幾個月過去了，幾年過去了……這個國家開始流傳一個奇怪的謠言。有人說：「我看見王子的背已經不駝了。」也有人說：「我看到我們的王子變得更加高貴了。」還有人說：「我們的王子看起來就像是一個非常偉大的人。」

這些流言傳到王子耳中，聽到這些，他笑了。然後他走進了那個放有塑像的花園，看著他自己，他的背已經像塑像那樣挺直了，他的頭也像塑像一樣高高地昂起。他已經成為像那個塑像一樣的人。

這並不是一個虛構的故事情節。在雅典的黃金時期，也就是雅典文化引領世界的時候，雅典的孕婦們就在她們身邊放美麗的塑像，這樣可以讓她們生下完美的嬰兒，這些完美的嬰兒將來會成長為一個個完美的人。

純潔、快樂和積極向上的思想，會使身體充滿活力與魅力。有缺陷的思想，往往會透過有病的軀體來表現自己。焦慮和憂鬱像一種無形的毒氣，它們會破壞、甚至毒死身體的抵抗力和免疫力，從而使身體無法抵禦疾病的入侵。

所以，想保持一個健康完美的身體，就必須時刻注意思想的變化。悄然而至的邪惡、妒嫉、沮喪、憂鬱、焦慮等不健康的思想，會奪走你身體原有的健康與優雅；而想要自己的身體煥然如新，就必須美化自己的思想。

情緒左右健康

在消極情緒中，人體自癒的能力大大削弱。比如，情緒壓抑的人不僅降低了免疫系統的反應，也削弱了 DNA 的自我修復能力。

—— 迪帕克·喬普拉

（醫學家、潛能研究專家）

幾千年前，賢明的所羅門王有一句名言：「快樂的心猶如一劑良藥，破碎的心卻吸乾骨髓。」這即是說，人的情緒對健康影響極大。愉快喜悅的心情，會給人正面的刺激，有益於健康；苦惱消極的情緒，會給人負面的影響，誘發各種疾病，使原有的病情加重。

情緒是什麼？情緒是人對客觀事物的體驗，是主觀對客觀的一種感受。現代醫學認為，良好的情緒可使機體生理機能處於最佳狀態，使免疫

抗病系統發揮最大效應，抗拒疾病的襲擊。許多醫學家認為，軀體本身就是良醫，85%的疾病可以自我控制。因此，有的心理學家把情緒稱為「生命的指揮棒」、「健康的寒暑表」。

天有不測風雲，人有旦夕禍福，人生中難免會遇到不順心的事，切記要控制情緒，以寬容待之。如一時情緒激動，大動肝火，會給自身的健康造成嚴重的危害。

一位政壇元老曾說過：「跑步上樓和誹謗別人都是對心臟不好的事。」對心臟不好，自然也會給身體健康帶來不利影響。

長期處於憤恨不滿的情緒裡，會導致疾病的發生。如：一個人在工作崗位上屢屢遭遇失意，他的心理就會向身體發出「生病」的心理暗示，借此來逃避現實，我們便常常聽說「積勞成疾」、「積怨成疾」之類的話。因此，動輒生氣的人，是很難健康長壽的，甚至有些人是被「氣死」的。

醫學上說，當一個人大發脾氣或生悶氣時，會直接阻礙或加劇身體各個器官的正常運行，輕則受到損傷，重則危及生命。從以下實驗，我們便可直觀地了解這種危害性。

美國心理學家做了一項實驗。他們把生氣者的血液中含的物質注射在小老鼠身上，以觀察其反應。初期這些小鼠表現呆滯，胃口盡失，整天不思飲食，數天後，小老鼠就默默地死去了。

美國生理學家愛爾馬也做過實驗，他蒐集了人們在不同情況下的「氣水」，即把有悲痛、悔恨、生氣和心平氣和時呼出的「氣水」做對比實驗。結果又一次證實，生氣對人體危害極大。

他把心平氣和時呼出的「氣水」放入有關化驗水中沉澱後，無雜無色，清澈透明；悲痛時呼出的「氣水」沉澱後，呈白色；悔恨時呼出的「氣水」沉澱後，則為蛋白色；而生氣時呼出的「生氣水」沉澱後，為紫色。把「生氣水」注射在大白鼠身上，幾分鐘後，大白鼠死了。

由此，愛爾馬分析：人生氣（10分鐘）會耗費大量人體精力，其程度不亞於參加一次3,000公尺賽跑；生氣時的生理反應十分劇烈，分泌物比任何情緒都複雜，都更具毒性。

所以，為了自身的身心健康，一定要學會克制生氣、怨恨、憤怒等不良情緒，用幽默、寬容等藝術的處事方式來對待它們。

在這種積極情緒的影響下，疾病是無法在你身體中存活的。你的身體每秒都在丟棄上百萬個有害細胞，同時也在製造上百萬個新生細胞。這就是吸引力法則發揮在你身上最直觀有效的作用。

有一首小詩：「你要是心情愉快，健康就會常在；你要是心境開朗，眼前就是一片明亮；你要是經常知足，就會感到幸福；你要是不計較名利，就會感到一切如意。」如果我們能有一份好心情，提高適應環境的能力，保持樂觀向上的精神狀態，使自己進入灑脫豁達的境界，那就掌握了生命的主動權，健康就會伴隨左右。

心理健康勝過藥物

據保守估計，在所有尋求解脫的病痛中，有90%以上都是透過自我限制而達到目的，並逐漸康復的。或者也可以這樣說，超過90%的人類疾病治癒中，精神是主導因素，遠遠超過藥物。

—— 約瑟夫·伯恩斯

（大學神經學教授）

心理健康，是指人的內心世界與客觀環境的一種平衡關係，是自我與他人之間的一種良好人際關係的維持，它不僅能使人獲得確保自我的安定感和安心感，還能自我實現，具有為他人健康貢獻、服務的能力。

毫不誇張地說，心理狀態在一定程度上主宰著人體的健康。據統計，

目前全世界有70%的人死於惡性腫瘤、心腦血管疾病等心身疾病。今天，危害人們健康最嚴重的疾病，已不再是傳染病等生物學意義上的疾病，而是與心理、環境和社會相關的心身疾病。世界衛生組織也不斷警告，心身疾病已成為人類健康的主要威脅。

俗話說，心病還需心藥醫。既然疾病的根源都是心理因素，那麼，疾病的治療和康復也應從心理問題入手。

吸引力法則專家約翰·迪馬提尼醫生說：「在康復技術中，有一種叫做『安慰劑』的東西，它能對人體疾病的康復產生意想不到的作用。安慰劑其實就是一種假定有某種治療作用，但實際上根本沒有作用的東西，比如糖片之類。如果醫生告訴患者，這種『藥物』（安慰劑）對疾病有很好的療效，那麼隨後發生的事情就是，這種『藥物』確實有了療效，而且有時還與原本設計為具有該療效的藥物，具有相同的療效。」

約翰醫生所說的「安慰劑」，就是將抽象的吸引力法則形象化、具體化。然後，這種看得見、摸得著的實物，讓患者產生積極的心理狀態，最終使疾病開始好轉，這種適用的效果，使這個法則變得更加令人信服。

所以，人的心理狀態才是健康的最重要因素，有時它所發揮的作用，甚至比醫藥所產生的作用還大。一個人生了病，實際上可以嘗試去探索一下，到底他意識中的什麼東西導致、或促使了疾病的產生，而不僅僅是使用藥物。

我是一個單身女性，育有一個孩子。前年夏天的一場大雨，讓我染上了疾病。被雨淋後的第二天，我便開始發燒，全身感覺不適、厭食，心情也更加糟糕。

幾天後的一個上午，我的右臂突然感覺無力、痠脹，並向右肩胛區放射，右腰部感覺不適。第二天，右上腹及右腰部突然劇烈疼痛、大汗，不能直立，伴噁心，當時認為是用力不當、岔氣，經按摩、用藥後，症狀減輕。第三天凌晨，左右疼痛再次發生，6點左右疼痛消失。

當天去醫院的檢查結果顯示：多發性膽結石，膽囊炎，有兩塊較大的結石，其中一塊 1.8×0.8 公分。醫生建議手術切除膽囊。說結石太大，不可能排除，且膽結石粉碎效果不好，在排石過程中有可能進入胰腺，引起急性胰腺炎，如果長期未能治癒，還有可能轉化為膽囊癌。

聽到這一切，我萬念俱灰，覺得命運不公平，疾病為什麼也不放過一個無助的弱女子，我一遍又一遍地問自己，手術好？還是保守治療好？手術萬一有什麼意外，孩子沒人照顧，保守治療又怕疼痛一直糾纏，而且長期吃藥對我來說也是一種經濟負擔。

身體的疼痛、精神的空虛、心理的畏懼……儘管每天都有朋友陪伴，我還是一晚又一晚的徹夜難眠。

突然，有一天我想起電視上的抗癌英雄，那些了不起的人，以自己頑強的毅力、樂觀的心態，戰勝了癌症。而我僅僅是長了小小的石頭，又有什麼可怕的！我眼前一亮，我也要成為他們那樣的人，我也要積極。

霎時，我的腦子變得一片空白，什麼苦悶、恐懼、寂寞、牽掛、思念……統統跑到九霄雲外。接著，一幅美麗的風景畫出現了：一個幽靜的湖泊，湖水清澈見底，湖泊的南面是瀑布，飛流直下；東面、北面是高山，山上的松樹鬱鬱蔥蔥；西面是草地，一望無邊。我感覺自己靜靜地躺在草地上，四周鴉雀無聲，自己的膽囊就像一個湍流不息的小溪，水是渾濁的，中間有兩塊不規則的石頭，一高一矮。溪水慢慢地沖刷著石頭……

第二天，我的朋友來看我，我說我要靠樂觀的心態、堅強的毅力、科學的飲食和適時的鍛鍊，來創造奇蹟，用三個月的時間消除結石。還說只要肚子不痛了，就去旅遊，去擁抱大自然，盡情的放鬆，盡情的享受。他們都覺得我是不是精神受到刺激，想法不可思議。

接下來的日子，我一邊按時用藥，一邊依照醫生的囑咐開始飲食調節，多吃木耳、新鮮蔬菜、核桃，早晚一杯清水，保持心情舒暢。只要一

閒下來，那幅美麗的風景畫就出現在我的腦海，有時躺在草坪，有時漂在湖面，溪水輕輕的沖刷著石頭。

那一段時間，我的心情達到從未有過的放鬆，疼痛也漸漸減輕。病後的 20 天，我的身體基本上恢復正常。我停用了所有藥物，每天早上又和往常一樣去公園散步、打太極，工作之餘聽聽音樂，看看大自然的風景圖，和孩子一起看一些卡通。那時總有一種感覺：石頭在漸漸縮小，小溪的水在漸漸的澄清，就像被什麼東西過濾似的。

我帶著孩子去海邊玩，第一次穿上泳衣和孩子們在大海裡戲耍。孩子們圍在我四周，就好像我是他們的保護神。其實我不會游泳，這就是孩子的意念，只要有我在，他們就覺得安全。海水沖洗著我的每一個細胞，我感覺那塊小石頭被海水沖走了，心裡感到一陣輕鬆。

接著我又去了草原。在那裡，我學放羊、學騎馬、學射箭，有時躺在草地上仰望藍天，任思緒隨風飄蕩，我的身心又一次得到徹底的放鬆。

我的太極拳也進步得很快，脾氣變得越來越好。我的飲食也逐漸變得規律，心靈的大門漸漸在打開。

突然有一天吃飯時，我感覺那塊大的石頭倒下了，接著就慢慢的消失。我告訴孩子，說我的膽結石沒有了，孩子高興地說：「好棒啊媽媽！你終於好了。」然而這畢竟是感覺、是幻想，我沒有太多的興奮。我原定於三個月後去醫院複查，但又怕萬一結石還在，心理是不是又會增加負擔，不如就在幻覺中生活。所以我遲遲沒有複查。

直到第五個月，我終於鼓足勇氣走進了醫院。最後超音波顯示：膽囊沒有發現異常，結石真的消失了。當時我激動得幾乎要跳起來。我飛快地跑回家，把這個好消息告訴每一個曾經幫助我的朋友，他們都不相信，以為我在安慰他們。但這是事實，無可否認。

在我病重的那段時間，親戚朋友經常來看我，我們在一起聊天、嬉

鬧、無拘無束。親情、友情緊緊籠罩著我，內心不再孤獨，也不再恐懼，我試著去享受生活，享受寧靜。其實享受生活並不難，它不需要萬貫家產，不需要特殊的日子，有時也不需有人陪伴，也不需要好的工作，只要能戰勝自己。我第一次找到了生活的樂趣。我好像又回到童年，天真活潑、開朗、無憂無慮，對世界充滿好奇、充滿幻想。也正是這顆童心，讓我戰勝了疾病。

這是一個患者在病癒後，發表在健康雜誌上的文章。她熟諳吸引力法則，最終也如願贏得健康。她的病史告訴人們，健康取決於人的心理狀態，只要你有積極的心態，樂觀的態度，並採取有效的行動，你就可以戰勝疾病，永保健康。

所以，當疾病和痛苦襲擊你時，請拒絕它們！在心理上拒絕它們！你要牢牢抓住這個適用於一切的積極意念，感覺你的每一個器官都是健康的 —— 你身體的每一個器官，在吸引力法則看來，它們的唯一形象就是健康的。這正是吸引力法則被賦予的、可以應對任何需求的不竭資源。

遠離負面想法

如今，我們面臨多達一千多種的不同疾病和診斷。疾病，只是說明身體系統的某一環節鬆脫了，且都是同一個原因 —— 壓力 —— 造成的。如果再在這個環節上施加足夠的壓力，它就會斷裂，造成更嚴重的後果。

—— 班·強生

（醫學博士）

根據吸引力法則，所有疾病都可以從你的思想中找到根源。

一個思想未經檢驗，如果它對你是不利的，就會吸引更多同類的思想，直到疾病的出現。在這裡，疾病是結果，負面的思想才是起因，而且

都是由一個微小的負面思想開始起源的。所以，如果你要保持健康，就要遠離負面想法。

有一句諺語：當瘟疫到來時，可能會有 5,000 人死於瘟疫，但是會有 50,000 人死於對瘟疫的恐懼。恐懼，即在真實或想像的危險中，個人或群體深刻感受到的一種強烈而壓抑的情感狀態。其表現為：神經高度緊張，內心充滿害怕，注意力無法集中，腦子一片空白，不能正確判斷或控制自己的舉止，變得容易衝動……等。這種典型的負面感受，對健康的危害是可想而知的。

再比如疾病。人們在患病時，常做的事情就是：一直與別人說起它。因為他們總是惦記著病痛，所以需要將這種思想的注意力，用言語表達、傾訴出來。這時，他們的思維就一直停留在負面狀態，這對疾病的治療和康復，百害而無一益。鮑伯‧道爾說：「當人們將注意力完全放在身體出差錯的地方和症狀上時，就會讓這種狀態持續存在更長的時間，甚至變得更嚴重。除非他們把注意力轉移到健康上，否則他們的身體絕不可能痊癒，因為這就是吸引力法則。」

人類所有的疾苦，包括疾病、貧困和不幸，都起因於負面的想法，你要用正面的想法去取代它。對病患來說，尤其要遠離負面想法。

你可以想像，我已經達到健康的完美狀態 —— 完美的身高、完美的體重、完美的容貌……。持續保持這種想像，健康就會被你吸引而來。

有一天，我覺得好像生病了，就去圖書館借了本醫學手冊，看該怎樣治我的病。

我一口氣讀完該讀的內容，然後又繼續讀下去。當我讀完介紹霍亂的內容時，方才明白，我患霍亂已經幾個月了。我被嚇到了，痴痴地坐了好幾分鐘。

後來，我又很想知道自己還患有其他什麼病，就依次讀完了整本醫學

手冊。這下我可明白了，除了沒有膝蓋積水症以外，我全身什麼病都有！

我非常緊張，在屋子裡來回踱步。我認為，我幫醫學提供了一個很有意義的條件：未來的醫生、醫學院的學生們，用不著去醫院實習了，我這個人就是一個各種病例都齊備的醫院。他們只要對我進行認真的診斷治療，然後就可以得到畢業證書了。

我迫不及待地想弄清楚我到底還能活多久！於是，我就做了一次自我診斷：

先動手找脈搏，起初連脈搏也沒有！後來才突然發現，我一數，一分鐘跳 140 次！接著，又去找自己的心臟，但無論如何也找不到！我感到萬分恐懼。最後我認為，心臟總會在它應在的地方，只不過我自己沒找到它罷了……

我去圖書館時，覺得自己是個年輕的人；而當我走出圖書館時，卻完全成為一個全身都有病的老頭。

我決定去找自己的醫生——我的老朋友。一進他家門，我就說：「親愛的朋友！我不跟你說我有哪些病，只說一下我沒有什麼病，我的命不會太長！我只是沒染上膝蓋積水症。」

醫生為我作了診斷，坐在桌邊，在紙上寫了些什麼，就遞給了我。我顧不得看處方，就塞進口袋，立刻去拿藥。趕到藥局，我匆匆把處方遞給藥劑師。

他看了一眼，就退給我，說：「這是藥局，不是食品店，也不是飯店。」

我很驚奇地望了他一眼，拿回處方一看，原來上面寫的是：「煎牛排一份，啤酒一瓶，6 小時一次。10 英里路程，每天早上一次。不要用疾病的思想塞滿自己的腦袋。」

我照這樣做了，一直健康地活到今天。醫生的忠告救了我的命。

故事中的主角在醫生的忠告下，糾正了自己的負面想法，對疾病有了

正確的認知，終於回到健康的軌道上。

　　由此可見，思想積極、健康與否，不但決定一個人看問題的角度、做事情的分寸，以及對生活的態度，還決定著身體的健康狀況。如果想保持健康，就要遠離那些負面的思想，積極地想像，樂觀地的生活。

笑一笑，十年少

　　說起自我治療的方法，不得不提「笑」。我常去看喜劇電影，越爆笑越好，一直笑個不停。我的生命再也承受不了任何壓力了，因為我們知道嘗試自我治療時，壓力是再糟糕不過的事。而笑，正好解除了壓力，使我得到徹底的放鬆。

—— 凱西・古德曼

（抗癌明星）

　　俗話說，笑一笑，十年少。現代醫學也認為，笑，對人們的健康長壽有十分重要的作用。

　　笑是人們心情愉悅的表現，它是一種複雜的神經反射作用。當外界的一種笑料變成訊號，透過人的感官，傳入大腦皮層時，大腦皮層就會立即指揮全身的肌肉動作，於是，出現了各式各樣的笑。

　　笑對人體的健康是有益的：笑在胸腔，能擴張胸肌，加強肺部的運動，使呼吸正常；笑在肚裡，能使腹肌收縮又張開，及時產生胃液，幫助消化，增進食慾，促進人體的新陳代謝；笑在心臟，能使血管和心臟加強運動，促進血液循環，使人面色紅潤，神采奕奕；笑在全身，能讓人全身的肌肉動作起來，使人愉悅、輕鬆，睡眠充實，精神飽滿；笑是運動，它的不斷變化、發展，有助於人的身心健康。因此，「笑一笑，十年少」這句話有很可靠的科學依據，並非空穴來風。

　　笑，因心情愉悅而生。心情愉悅，即吸引力法則所要求的「持續感覺

美好」。所以，如果你能持續的笑，在生活中保持笑的習慣，那麼，吸引力法則在你身上產生的效果，就會更顯著、更神奇。

　　古德曼被診斷罹患了絕症，醫生告訴他只剩下三個月的時間。於是，古德曼從醫院搬出來，用自己的方式開始治療。三個月來，古德曼蒐集觀看了所有精彩搞笑的喜劇電影，這段時間他一直笑個不停。令人不可思議的是，就在這三個月中，疾病逐漸離開了他的身體。醫生們不由得直呼，這簡直是個奇蹟！

　　心理專家建議，即使沒有遇到可笑的事，每天最好也要大笑幾次。此前國外研究者發現，人一天至少應該大笑 15 分鐘。其中，每大笑 1 分鐘，相當於運動了 45 分鐘，而且消耗的熱量比不笑時多 20%。這樣不僅可以改善心情，還能增加肺活量、促進血液循環，實現強身健體的目的。

　　美國科學家的兩項最新研究結果顯示，笑能使人精神愉悅，同時還對心臟大有好處；相反的，心情沮喪，則不利於身體健康，甚至會增加早死的危險。

　　其中一項負責人，美國馬里蘭大學的麥克爾・米勒教授表示，笑為心血管帶來的好處，就像鍛鍊可以給心血管帶來的好處一樣，因為笑可以促使血液流通。而北卡羅萊納大學的另一項研究則顯示，心情沮喪或缺少笑容，常常與諸如抽菸、吸毒等不健康的生活習慣連結在一起，同時還會將死亡的危險增加 44%。

　　在調查過程中，米勒選擇 20 部讓人發笑的喜劇片，或是會使人緊張不安的悲劇片，並讓 20 名平均年齡為 33 歲、不吸菸、身體健康的志願者，觀看這些影片。當志願者觀看影片時，研究人員檢測他們血管內發生的變化。研究顯示，觀看悲劇片時，20 名志願者中，有 14 人手臂上的動脈血流量減少；相反，在觀看喜劇影片時，20 人中有 19 人的血流量增加。研究人員得到的結論是，在笑的時候，血流量會平均增加 22%；而當人們

有精神壓力時，血流量則會減少 35%。

對此，米勒表示，笑和做有氧運動時差不多，但笑可以使我們遠離由運動帶來的傷痛，和肌肉緊張等不良影響。但同時，他也表示，笑不可能取代體育鍛鍊，兩者應該有規律地同時進行。他說：「人們一週應該進行至少 3 次體育鍛鍊，每次 30 分鐘；另外，每天要笑 15 分鐘，這樣對身體健康十分有好處。」

總之，笑是吸引力法則中「感覺美好」、「積極」、「樂觀」等要求的最直接表現，也是最有效的。為了保持身體健康，現在就笑起來。

相信奇蹟

> 我認為人們常說的絕症，就是必須從內心著手治療的疾病。我相信，而且明確地知道，任何疾病都是可以治好的。所謂的絕症，曾經都被治好過。
>
> —— 約翰·迪馬提尼

「絕症」這兩個字，絕對會讓人的內心帶來死亡的恐懼。「得到絕症就等於走向死亡」，這幾乎是不容置疑的事實。但是，人的生命是能夠創造出奇蹟的。

有一群人，他們有的身體突然遭遇橫禍，造成各式各樣致命的殘缺；有的罹患多種癌症或愛滋、白血病等藥物無法治癒的絕症；有的掙扎在死亡邊緣，隨時都可能徹底告別這個世界……但最終，他們戰勝了絕症，或心態放鬆地與絕症共存。

這些創造生命奇蹟的明星們，有的進行過多次大手術；有的體內已切除多種器官；有的至今仍離不開醫學儀器的輔助，但他們依然頑強地活著，快樂地活著。他們依靠的是什麼呢？

他們靠的就是吸引力法則。

正因為面臨絕症，他們才更深刻地感受到生命的美好。對生命的美好體驗，又使他們樹立了戰勝絕症的信心和勇氣。這就是在運用吸引力法則，來為身體重造健康。

在吸引力法則看來，「不可治癒」是根本不存在的。既然你已經來到這個世界，那麼它總會留給你足夠多的空間。所以，加入健康的行列吧！不要有所質疑，這個世界每天都在發生奇蹟。它充滿富足的資源，以及一切你想要的美好事物，只要你有信心和勇氣，它就是你的天堂。

阿姆斯壯（Lance Edward Armstrong）在 1996 年 10 月參加世界頂級公路賽時，被診斷出罹患睪丸癌。癌變擴散到身體內，連醫生對他的康復都不抱希望。但經過 12 個星期的化療和一年多的停賽休養，阿姆斯壯於 1998 年 2 月康復，並在其後創造了環法大賽七連冠的奇蹟，被人們稱為「環法英雄」。

眾所周知，環法自行車賽賽段繁多，路況複雜，全程逾 3,000 公里，不但對車手的體能有極高的要求，對車手的耐力和意志也是極大的考驗。然而，阿姆斯壯卻在如此艱難而競爭激烈的條件下，連續奪得七次冠軍，可見體能和心理素養都調整到最佳狀態。在這種無往不勝的絕佳狀態支配下，他與身體絕症頑強對抗，並獲得又一次難以置信的奇蹟，就不足為怪了。

對身患絕症的人來說，如果腦子裡總是充滿對病變細胞的屈服，和對死亡的恐懼，病變的細胞就彷彿增添一股強大的力量，只會變得越來越強大，並將完全占領和吞食掉病人身體裡的各種器官。如果你堅信你比它強，你就能將它踢出身體，創造奇蹟。

2007 年 1 月《每日郵報》（Daily Mail）上有一篇這樣的報導：

英國 7 歲女孩克羅伊・哈里森看起來健康漂亮，但令人驚訝的是，從 2004 年至今，她已經先後得過 3 次癌症 —— 腎癌、肺癌和胃癌，而醫生也一度認為她無法活過 1 年。但不可思議的是，在經過 4 次痛苦的手術

後，她終於憑藉頑強的意志，戰勝了病魔。

第一次，5 歲患腎癌，摘除了右腎。

克羅伊首次發病是 2003 年 11 月。當時她突然出現抽筋和呼吸困難等症狀，卻被醫生誤診為哮喘。到 2004 年 7 月時，克羅伊情況仍很糟糕。最後專家竟在克羅伊腎臟內發現了一個很大的腫瘤。隨後，她接受 7 個小時的手術，摘除了右腎。

第二次，6 歲患肺癌，「活不過 1 年」。

但不到一年後，2005 年 4 月，醫生又在克羅伊的肺部發現大量小腫瘤。母親德布拉稱：「醫生說克羅伊將不太可能存活 1 年，但她始終沒放棄希望。」2005 年 11 月，克羅伊又進行了第二次手術，並獲得成功。

第三次，又患胃癌，家人徹底絕望。

但手術後僅 1 個月，癌症再次返回克羅伊的肺部和胃部！ 2006 年 10 月，她又進行了 2 次手術。父親稱：「我當時不敢奢望她可能痊癒。」

勇鬥病魔，4 次手術後竟徹底康復。

在 4 次痛苦手術後，克羅伊逐漸康復。2006 年 12 月一次掃描顯示，她體內的癌細胞已完全消失。22 日，母親德布拉高興地稱：「憑藉頑強的意志，她一次次勇敢地戰勝了病魔。」

這個頑強的小女孩一次次戰勝癌症，為自己贏來新生，創造超出常人想像的生命奇蹟，不得不令所有人為之嘆服。

量子力學告訴我們，這是一個能量的世界，只要你相信，你就會像這個小女孩一樣，完全激發自身的所有能量，並吸引更多的能量，你就能改變這個世界上的任何事情，不論它是情緒、心理、疾病、絕症，或其他事情。

柏特蘭·羅素（Bertrand Arthur William Russell），英國著名哲學家、數學家、邏輯學家，1950 年獲諾貝爾文學獎。因積極參加世界和平運動，反對核戰爭而獲得世界和平獎。羅素在學術上獲得極高的成就，其長達 98 年的人生，也向世人展示著這位哲人的健康之道。尤其是心理養生，在吸引力法則運用於健康的技巧方面，給人以鮮明的啟示。

　　羅素，1872 年出生於英國威爾斯的一個貴族家庭，18 歲進入劍橋大學三一學院學習數學，後在該學院講授邏輯和數學原理，1916 年重新在三一學院任教。他是亞里斯多德學會會員。

　　1931 年，他繼承第三世羅素勳爵。1949 年獲榮譽勳章。1970 年 2 月 2 日，羅素去世，享年 98 歲。

　　羅素保持健康的祕密主要有三條：

(1) 對生活充滿興趣，永不放棄對事業的追求。

　　羅素認為，那些有強烈興趣愛好，又參與各種適當活動的人，最容易做到頤養天年。羅素有一句名言：「三種單純而又極其強烈的感情支配著我的生活：對愛的渴望，對知識的渴求，以及對人類苦難痛徹心腑的憐憫。」對愛的渴望是他對生活的興趣，對知識的渴求和對人類苦難的思索，則是他對事業的追求。

　　羅素的生活總是輕鬆的。他說：「凡是我喜歡喝的，我就喝，兩眼惺忪時，就去睡。不管做什麼樣的事情，我不會刻意根據它是否對健康有益才去做。而事實上，我喜歡做的事情絕大多數都是有益健康的。不過，上了年紀之後，最重要的是心理健康和心理保健。」

(2) 避免過多的回憶，在家庭生活上解放自己。

羅素提出，老年人應注意做到兩個「避免」，即避免過多的回憶，避免干涉年輕人的事情。

不要去回憶那些悲傷的往事，那樣有損於身心健康。不管以往吉凶禍福如何，凡過去的事，就讓它過去。應當瞄準未來，設想今後應當做些什麼事，如何圓滿去完成它。老年人不可這樣想：「我過去多麼有活力，而現在……」這種前後對比是消極的，只會讓人精神老化，故應盡量避免。

有的老年人總愛嘮叨不休地干預兒子、媳婦，乃至孫子的事，許多家庭矛盾便由此產生，結果子女不高興，老人也不愉快。羅素指出：「孩子一旦成人，即希望按照自己的意願生活，如果你仍像他們幼時那樣對他們感興趣，插手他們的每一件事，就會成為他們的負擔……」

因此，老年人應當超然一些，兒孫的事，讓兒孫自己去做，即使他們處理不當，也只提醒一兩句，讓他們自己去總結經驗教訓，這樣既有利於兒孫的成長，又有利於老人自身的健康。

(3) 正確看待生老病死。

有些老年人由於恐懼死亡，而很壓抑。羅素說：「年輕人有這種感覺無可非議，但死亡的恐懼發生在曾經經歷過生活甘苦、在他所從事的工作中獲得過成就的老年人身上，實在讓人感到難堪和不怎麼體面。」

羅素認為，克服這種恐懼的最佳途徑，就是讓自己的興趣愛好變得更加廣泛、更不具有個人情感色彩，直到自我的牆壁一點點坍塌為止。他說：「一個人的生命像條河流，開始是涓涓細流，而後則奔騰咆哮，翻過危岩，飛躍瀑布，河流漸漸開闊，河岸也隨之向兩邊隱去，最後水流平緩，匯入江海。每一個個體就這樣毫無痛苦地與整個自然界共存了……」所以，人們應該學會忘記過去，樂觀對待未來，這樣才會有幸福的人生、長壽的生命。

第七節　財富的祕密運用

財富，是人類對經濟價值的認知和評價，是一切可以用貨幣衡量的效用和使用價值。財富的價值不是一成不變地隱藏於財富對象本身，而是隨著人類的生物性需求、社會群體性需求、意識性需求的變化，而不斷波動。

財富是人類幾千年來追逐的夢想。無論什麼社會，什麼年代，每個人都希望擁有足夠的財富，以過上富足的生活。現在，人們對吸引力法則的認知和運用，往往也以吸引財富為主要目標。以下，就是這個祕密在財富方面的運用。

能想到就能做到

人的心……能想到的一切，都能做得到。

—— 克萊門特・斯通

（Clement　Stone，美國企業家）

我有個原則：想到要做一件事，就一定要做到，而且要做得徹底。

—— 狄更斯

財富是一個十分迷人的字眼，每個人都希望擁有能讓自己過富足生活的財富。但是，我們當中的絕大多數人，都對財富抱有敬畏心理，不敢去奢望，不敢去追求，連想都不敢去想。

現在，既然你已經了解了吸引力法則，便可以拋去所有的顧慮，大膽地想像你財富的理想狀態，然後將這種夢想表現出來，努力去實現它。

你不必擔心你的財富理想過於遠大而無法實現。吸引力法則蘊含無窮的力量，宇宙的富足從來都是人類無法想像的，只要你能想到，只要你敢想到，這個祕密就會實現你的一切願望。

「只有想不到，沒有做不到。」不要以為這些都是吹牛的大話。我們先來看一個自然法則：人的心智在行為中發生作用 —— 潛意識在人類精神生活中的儲備，占據90%以上的主導地位，於是就產生了思想。被思想釋放出自然的能量，進而推動自然能力，最終又體現在人類的言行舉止，並在人類的這種相互碰撞中產生作用，直至影響和改變人類與他們所存在的這個世界。

「只有想不到，沒有做不到。」人正因為自身的這種創造性，才能夠產生創造性的思想，使人類充滿能量。

不要懷疑，這一切並不是憑空想像、施魔法變出來的，而是有規則可循的自然法則。

有些事，其實並沒有我們想像的那麼複雜。複雜的是人類的思想，人類每遇到一個事物，總是會考慮它方方面面的因素，與帶來的影響，所以經常會感到自己能力太有限。其實不然。只要是你想做的，你就應該放下思想上的包袱，盡力去做，要相信自己一定會做到，就算做不到，也無關緊要，它還會給你另外一個很好的結果。

人類的思想極富創造能量。與過去相比，當今活躍在人們頭腦中的各種想法意識，已經有了決定性的進步。我們所處的這個時代，正是因為創造性的思想，才得以發展和豐富。同時，世界對於那些在思想方面有卓越貢獻的人們，給予的物質和精神獎勵，從來都是不菲的。

這個世界上存在一些喜歡幻想的人，任何事情都能在他們的腦海裡產生一些似乎不合邏輯的奇思妙想，這些奇妙的想法並沒有贏得人們的稱讚，而是常常被當做笑料傳播。不過，就在大家的笑聲中，他們卻獲得了成功 —— 有夢想就了不起，有勇氣就會有奇蹟。

這是個聽起來不太可信的故事，可是它真的發生了。

在加拿大，有個叫麥克道納的26歲年輕人。這位年輕人曾經想當作

家，而現實生活中他也確實是個「坐」家，經常坐在租來的家裡。總而言之，對這個年輕人來說，能夠買一棟屬於自己的房子，簡直就是一個不可能完成的任務。

怎麼能夠擁有一棟房子呢？就在去年夏天的某一個午後，他把目光落到了桌子上一個小小的紅色迴紋針上。

我能不能用迴紋針換房子呢？

相信誰聽了，都覺得不太可能。走在大街上，您拿一個迴紋針，要和人換房子，誰做呀？麥克道納也不笨，他不是這麼直接，而是把這個計畫發布到自己的部落格網站上：「朋友們，我要借助網路，用這枚迴紋針，透過不停地交換，直到換到心目中的房子為止。」

有沒有人要湊熱鬧呢？

還真有。這個提議幾乎就在提出的瞬間，立刻就有了反應。溫哥華兩位年輕的女孩說：「我們願意用一支長的像魚一樣的鋼筆，換這枚迴紋針。」

麥克道納懷疑一開始這兩個女孩也只是覺得好玩，反正不值錢換不值錢，總是不會虧本的。但是，朋友們，這就開始了！開始了迴紋針十分曲折的交換之路，他能換到房子嗎？

接下來，麥克道納就用這支魚型鋼筆，換了一個手工門把，又用這個門把，換了一個燒烤爐。

這個烤爐換給一位陸戰隊軍官，換來 100 瓦的發電機，發電機換成空啤酒桶和一個擺著啤酒桶的霓虹燈箱。回到了故鄉蒙特婁，他又換到雪地摩托車，和他交易的是電臺主持人，主持人說要為他好好來做宣傳。

從這之後，有了媒體的介入，麥克道納的交換故事也就賞心悅目了，一換再換。最誇張的時候，他曾換到一間房子的一年免費租約！不過，他馬上又換成和搖滾明星的約會，最後換到了在一個好萊塢電影裡演一個角色。

但問題還在呀！房子在哪呢？

房子這就來了！加拿大有一個人口很少的小鎮，聽到這個故事後，鎮長決定拿出 5 萬美元，幫麥克道納買一棟房子，目的就是換他的那個角色，而小鎮真正想要的，是透過這件事打響知名度、宣傳自己，連小鎮的標誌物都變成紅色迴紋針了。

不管怎樣，到第二年 7 月，迴紋針真的換到房子的金鑰匙。

夢想取決於人的思想，思想擁有無限的潛能，人的夢想也可以無限大。千萬不要小看和嘲笑身邊那些善於幻想的人，說不定哪一天，他的異想天開會創造出巨大的財富，帶來偉大的成功，讓所有人都目瞪口呆。

用愛好和興趣吸引財富

問題不在於教他各種學問，而在於培養他愛好學問的興趣，並且在這種興趣充分增長時，教他研究學問的方法。

—— 盧梭

愛因斯坦說：「我認為對於一切情況，只有『熱愛』才是最好的老師。」這也包括財富。

對此，也許有人會產生這樣的疑問，財富如此重要，誰不熱愛它呢？吸引力法則提醒，對多數人，尤其對並不富裕的人來說，他們對財富的愛好和興趣並不濃烈。

在這個祕密看來，財富是一種觀念，就是指，在你腦海中你所能意識到的、已經擁有和可以擁有的一切。還有最重要的一點：思想與潛意識的冰山效應。

思想只存在於冰山的表層，而冰山的主體及底層是潛意識。人們在表層對財富有欲望，而潛意識是否也有強烈的欲望呢？如果表層想要致富，但潛意識卻無動於衷，那你永遠也富不起來。

　　吸引力法則就是讓你透過不斷的學習，使潛意識的波幅震動頻率與表層思想的頻率一致，當表裡如一地真正想要富有時，才能吸引致富的能量。宇宙的能量是無限的，只要你吸引財富，它就會為你產生財富。

　　因此，你不僅要在口頭上熱愛財富，還要在潛意識中培養對財富由衷的愛好和興趣。

　　愛好和興趣是實現夢想的最大動力。每個人都有一個與生俱來的權力，那就是做自己想做的事，生活中有個屢試不爽的經驗：做自己想做的事，就會獲得事半功倍的效果。而且，在精神上也會得到相當的滿足。這就是愛好與興趣的神奇力量。

　　美國相關研究機構曾對 2,000 多位著名的科學家進行調查，結果發現，很少有人是因為迫於生計而工作的，大部分人都是出於對某一領域問題的強烈興趣而孜孜以求地忘我工作，他們的成功與他們的興趣是密切相關的。

　　美國內華達州的麥迪遜中學在入學考試時，曾出過一道題目：比爾蓋茲的辦公桌上有 5 個帶鎖的抽屜，分別貼著財富、興趣、幸福、榮譽、成功 5 個標籤。他總是只帶一把鑰匙，而把其他的 4 把鎖在抽屜裡，請問他帶的是哪一把鑰匙？

　　老師告訴學生，那是一道智慧測試題，內容不在書本上，也沒有標準答案，每個人都可根據自己的理解自由回答，但是老師有權根據他的觀念給一個分數。

　　一位剛移民美國的外國學生，看到這個題目後，一下子慌了手腳，因為他不知道該如何作答。而他同桌的答案是：比爾蓋茲帶的是財富抽屜的鑰匙，其他的鑰匙都鎖在這個抽屜裡。結果老師在這道 9 分的題目上，給了移民學生 5 分，而給移民學生同桌 1 分。老師認為，他沒答一個字，至少說明他是誠實的，憑這一點應該給一半以上的分數。

關於這五個抽屜，比爾蓋茲是這樣說的：「在你最感興趣的事物上，隱藏著你人生的祕密。」於是，問題的答案就很明顯了。

比爾蓋茲的話給我們啟示，如果想在財富或任何事業上有所成就，只有一個最安全的計畫，和一個最可靠的成功之道 —— 培養真正熱愛它的天性。

一個人的發展方向，直接決定一個人的成敗。每個人總會有自己的興趣，興趣就是最佳的發展方向，也是最好的老師。對什麼感興趣，就去做什麼，也就是說，做自己喜歡的事，這是很多成功者的不二法門。

興趣和愛好能將人的潛能最大限度地調動起來，是贏得成功和財富的重要推動力。只要長期專注於某一方向，盡心盡力去為夢想奮鬥，就會獲得令人矚目的成績。

設定一個具體的目標

有些人雖然活著，卻沒有任何目標。他們在世間行走，就像河中的一棵小草，他們不是行走，而是隨波逐流。

—— 小塞內卡

（古羅馬政治家、哲學家、作家）

前文曾論述過具體的「要求」對實現願望的重要性，這裡，吸引力法則再次對財富祕密提出類似的要求 —— 設定一個數位化的財富目標。

致富是以和諧的方式，將人們對財富的渴望，傳遞給宇宙能量，並透過「創造致富」來達成人們的財富夢想。為了確保這個夢想能完美實現，所傳遞的致富願望，必須是清晰的、具體的。清晰的程度是，這個願望能在腦海中呈現出一幅圖畫，畫面的內容必須很具體、很明確。

吸引力法則專家喬・維托說：「你的任務就是向宇宙提出你的『要

求』。如果你想要金錢，那麼好吧！說出你具體想要多少？希望在哪天全額得到這些鈔票？5 萬美元還是 10 萬美元？一個月還是三個月？或是其他選擇。總之，你必須具體，越具體越好。」

的確，將目標具體化、數字化是十分必要的，只有形容詞的空泛目標，並沒有多大意義。你應該將你的財富目標與內容數字化，例如時間化、數量化、金額化。

實現致富夢想的第一步，就是先想清楚如下問題：希望得到多少財富？希望從事哪種工作？希望成為什麼樣的人？很多人對這些問題都只有模模糊糊、零零碎碎的念頭。不清晰、不明瞭的想法與念頭，就如同一團迷霧，無法將自己的願望準確清晰地傳遞給宇宙能量。打個比方，當某人發電報或傳送電子郵件給朋友時，他會不會只發 26 個字母呢？或許從字典中隨意抽取一些單字來作為電報的內容呢？當然誰都不可能那麼做！要發，也一定會發思想清晰、意義明確並連貫成語句的話。

同樣是這個道理，一個夢想致富的人，一定要用準確、完整、容易被理解的語句，來向宇宙能量傳遞他的願望。否則，宇宙能量將無法感知那些尚未成型的想法或模糊的願望，也就無從啟動它的力量，來實現你的願望了。

此外，在為致富夢想行動之前，一定要明確地知道自己的目標在哪裡，知道自己應該朝哪個方向前進。這樣才能明白未來已經在前方做了什麼準備。沒考慮清楚就盲目行動，只會越來越偏離夢想的軌道。所以，目標一定要明確。否則，一切行動都會變得很盲目，就會浪費時間和耽誤前程。

比如，某人在青少年時期，就立志要成為一名科學家，這樣的人生目標就不是很明確。因為科學的門類很多，究竟要朝哪方面努力，當哪一門學科的科學家呢？確定這個目標的人並不是很清楚，因此也就難以掌握。

假如真的不知道該往哪裡走，不知道朝哪個方向努力，那麼就先停下來仔細思考。若是連思考方向的時間都怕浪費，恐怕這一生的時間都會被盲目的消耗。千萬不要因小失大。因為明確的目標和周詳的計劃，才是事半功倍的前提保證。

確定目標也不能太寬泛，而應該確定在一個具體的點上。如同用放大鏡，只有穩穩地掌握放大鏡，對準焦距，把陽光聚集成一個點，才能使一張紙燃燒起來。它還如同建造一棟大樓，圖紙設計不能只是大概的樣子，必須在面積、結構、款式等方面都特定和具體。總之，目標應該用具體的細節反映出來，否則就顯得過於籠統而無法付諸實施。

一位父親帶著三個孩子到沙漠捕獵駱駝，他們到達目的地後，父親問老大：「你看到了什麼？」老大回答：「我看到了獵槍、駱駝，還有一望無際的沙漠。」父親搖頭說：「不對。」

父親以同樣的問題問老二，老二回答：「我看到了爸爸、大哥、弟弟、獵槍，還有沙漠。」父親又搖了搖頭。

父親再以同樣的問題問老三，老三回答：「我只看到了駱駝。」父親高興地說：「答對了。」

打獵時，獵物就是目標，明確牠，瞄準牠，才能擊中牠。追求財富也是同樣的道理，目標明確，方向才能明確，夢想才能實現。

不為金錢而工作

很多工作者的腦海中，都有這種感覺，認為金錢的唯一來源只有工作，想賺更多的錢，就必須更辛苦、更勤奮地工作。如果你有這種想法，趕緊拋棄吧！它對你並沒有什麼好處，只會導致你生活的勞苦和金錢的窘境。

—— 朗達·拜恩

（作家、成功學家）

　　勞動創造價值，創造財富。人們都認為，工作的目的很簡單，就是為自己帶來財富，以養家活口，謀得生存。其實不然。

　　在吸引力法則看來，為金錢而工作的思想是錯誤的。因為你缺錢，所以你必須去工作，甚至很辛苦的工作。在一開始，你就感覺自己是缺錢的，認為工作是金錢的唯一來源，你的精力便永遠耗費在不良境況的改善中，而不會做好迎接富足的準備。

　　現代很多人由於房貸壓力等，對薪酬的要求十分強烈。這些人由於過度專注於薪資，結果工作不開心、不如意，更不敢退出或更換工作。長此以往，他們的收支自然會失去平衡，生活也不斷面臨新的困境。

　　為金錢而工作，不僅自己將自己判了有期徒刑，而且延長了這種「刑期」。要幫自己減刑，最好的方法就是透過吸引力法則來改變自己的心境，即「經營」——經營自己的收支情況，降低對工作收入的依賴；或者熱愛工作，將其當成一份事業來經營。

　　美國彭博資訊公司（Bloomberg）2002 年公布的一項報告顯示：當年個人資產已經達到 305 億美元的巴菲特，仍在拿著低廉的薪資——33 萬 / 年，相當於一名矽谷的軟體工程師。而巴菲特在提薪之前，他的薪資長時間保持在 10 萬 / 年的水準。

　　在大家驚呼巴菲特如此「廉價」的時候，巴菲特只說了一句話：「不要為錢工作！」

　　在我們身邊，大多數人都把自己的工作視為一種交易：我為老闆工作，老闆給我薪資。但是在巴菲特的眼中，工作是一份事業，應該用來經營。這種理念一方面可以讓其在工作時更用心、更開心，也為他吸引更多的財富。

　　金錢並不是工作的全部意義，這點也在比爾蓋茲身上得到充分的證明。

　　比爾蓋茲對財富有著獨特的理解。對他而言，創業是他人生的旅途，財富是他價值量化的尺規，他曾這樣說：「我不是在為錢工作，錢讓我感到很累。」

　　「我只是這筆財富的看管人，我需要找到最合適的方式來使用它。」這就是比爾蓋茲對金錢最真實的看法。他很少關心錢的問題，也不在意自己股票的漲跌。錢既不會改變他的生活，也不會使他從工作上分心。他經常會告訴那些向他取經的朋友：「當你有了 1 億美元時，你就會明白錢只不過是一種符號而已，簡直毫無意義。」

　　比爾蓋茲非常討厭那些喜歡用錢擺闊的人。他公開在《花花公子》雜誌上發表言論：「如果你已經習慣了享受，你將不能再像普通人那樣生活，而我希望過普通人的生活，我害怕享受。」身為微軟的董事長，不關心自己的錢財，也不在乎自己的股票在市場上的漲落，這確實讓人覺得不可思議。

　　幾乎所有人都知道，比爾蓋茲最關心的是他偉大的微軟王國，錢只是他這些事業的產物。

　　比爾蓋茲總是告訴妻子，自己努力工作並不只是為了錢。對待這筆巨大的財富，他從沒有想過要如何享用，相反的，在使用這些錢時，卻很慎重。他不喜歡因錢改變自己的本色，過著前呼後擁的生活，他更喜歡自由自在地獨立與人交往。甚至見到熟人時，還像從前一樣熱情地與他們打招呼：「哦！你好，讓我們去吃個熱狗如何？」

　　對自己的衣著，比爾蓋茲從不看重牌子或價錢，只要穿起來感覺很舒適，他就會很喜歡。一次，他應邀參加由世界 32 位頂級企業家舉辦的「夏日派對」，那次他穿了一身套裝，這還是梅琳達（Melinda Gates）先前在泰國幫他買的、用來拍照時穿的衣服，樣子還不錯，只是價格還不到歌星、影星一次洗衣服的錢。但比爾蓋茲不在乎這些，很高興地穿著這套衣

服，參加了這次會議，他生活的教條就是：「一個人只要用好他的每一分錢，他就能做到事業有成、生活幸福。」

不論在生活中，還是在工作中，有問題出現時，比爾蓋茲都不會先想到用錢來化解一切。他甚至沒有自己的私人司機，也從沒有包機旅行過。對他來說，錢失去了對常人那樣的誘惑力，他始終保持一顆清醒的頭腦：「我需要像普通人一樣生活，我害怕因為過度享受而失去這種生活，這在許多人看來也並不是一個榜樣。」

比爾蓋茲富可敵國，但他工作賺來的巨大財富，並沒有用於奢侈的生活，而是盡量的克制簡用。如果工作的意義僅僅是為了賺錢，那麼他為何還要工作呢？

我們也應向比爾蓋茲學習，避免將金錢當成工作的唯一目的。如果你想富足，就要懷著富足的心情去經營它，去迎接它，而不是陷入「工作 -金錢 - 更努力地工作 - 更多的金錢」的思想沼澤。

你從不缺錢

我經常碰到一些人，不止一次地說：「我買不起。」看見喜歡的衣服，他們對自己說「我買不起」；看見夢想中的車子從眼前駛過，他們對自己說「我買不起」；看見如意的房子，他們對自己說「我買不起」……這都是必須作出改變的。你要永遠對自己說：「我買得起。」

—— 詹姆斯・亞瑟・雷

有一份調查顯示，人們 70%的煩惱都跟金錢有關。專家分析認為，多數人煩惱的並不是他們沒有足夠的錢，而是不知道如何支配手中已有的錢。

也許現在你的銀行戶頭上並沒有多少錢，但吸引力法則仍要告訴你，即使你沒有一分錢的積蓄，你也是富有的。

首先，你要徹底扭轉你的思想，將注意力放在富有上，而不是貧乏上。不要去想還有什麼帳單需要支付，更不要去想自己還負債多少。它們只會帶給你更多的帳單和債務。你要想的是，你會收到多少支票，會有多少收入，會有多少債務人為自己送錢來。總之，你要盡可能地感覺富足，感受金錢的美好。

接著，生活中的一些東西，尤其是那些你感興趣的、日思夜想的東西，會打斷你的想像。以前面對這些時，你可能會說：「以我現在的經濟條件，我支付不起。」那麼現在，是改變這種說法的時候了。你要說「我買得起。」不管你看見的是衣服、車子、房子或其他任何你想要的東西，你都要說「我買得起」。

然後，你一直這樣做下去，你的現狀就會逐漸開始改變。專注什麼，就會得到什麼，你已經將注意力從缺錢轉向富足，感覺富足是如此的美好，你當然會吸引到金錢和富足。

大衛・希爾莫說：「從根本上來說，人是沒有貧富之分的。貧窮和富裕都是一種心態，完全看你怎麼想。」人永遠不必為金錢煩惱，因為每個人天生就是富裕的。

一個年輕人老是埋怨自己時運不濟，發不了財，終日愁眉不展。

這一天，走過一位老人，問他：「年輕人，為什麼不高興？」

年輕人回答：「我不明白我為什麼老是這麼窮？」

「窮？我看你很富有嘛！」

「這從何說起？」年輕人問。

老人沒有直接回答，而是說：「假如今天我折斷了你的一根手指，給你 1,000 元，你要不要？」

「不要。」

「假如斬斷你一隻手，給你 1 萬，你要不要？」

「不要。」

「假如讓你馬上變成 80 歲的老翁，給你 100 萬，你要不要？」

「不要。」

「假如讓你馬上死掉，給你 1,000 萬，你要不要？」

「不要！」

「這就對了，你身上的錢已經超過 1,000 萬了，你還不高興嗎？」

老人說完笑吟吟地走了，留下那年輕人在思索。

如果你認為自己是富足的，那麼，你就是富足的，而且你很快就會真實體驗到這種富足。老人和年輕人的一番對話，佐證了吸引力法則，也充分說明，富足完全在於一種心態，即使你不名一文，也有百萬身價。

財富的給予和收穫

為什麼這個世界上最有錢的人都是最偉大的慈善家？因為他們懂得，將自己的財富給予別人，會吸引到更多的財富。

—— 朗達‧拜恩

「財富就像魚鉤上的魚，只有捨得用兩魚餌，方能釣起重量可觀的大魚。」

捨與得是天地輪回的哲學，是為人處世的藝術，是人生的大智慧，更是贏得財富的主要祕訣。

捨，即給予。當你將自己的財富給予別人時，你就是在潛意識裡說：「我有很多，我很富足。」既然你先前已確立了這種富足的觀念，那麼一旦你採取行動，吸引力法則就會將比你給予的更多財富吸引過來。

懂得給予的人，必將吸引更多、收穫更多。這是一個人盡皆知的道理，卻沒幾個人能做得到。慈善家便能說明這點。

　　這種情況可能會令你十分驚訝——世界上最有錢的人，居然都是最偉大的慈善家。他們不求回報地捐出數目龐大的錢財，難道不會變窮嗎？為什麼他們總是有源源不斷的錢財來供給他們的捐贈？這正是他們的過人之處。他們懂得運用吸引力法則這個祕密。

　　金錢始終應該是「流通」的。當一個人感到害怕，而自私地為自己堆積一切時，就說明他開始創造「阻塞的管子」，讓金錢在自己的生活裡停止流通，金錢就很難往他的方向流回來。俗話說：有付出才有回報。試想一下，有哪個人的成功不是因為付出而獲得的呢？金錢持續流通的方法只有一個，那就是「開始給予」。給予和收穫是一體的兩面。想要得到更多的財富，就要開始感覺富足，然後向他人給予你的財富。不要擔心，你在給予時，宇宙也已經為你所想要的一切開始忙碌，你所付出的一切，都會帶著利息一起回來！

　　在香港的一個國際拍賣會上，競拍者都是些業內的常客，唯獨邁太太是一張新面孔，而且是一張過度年輕的面孔。邁太太頻頻舉起手中的小牌子，更是引起全場的矚目。70萬港幣，舉重若輕，拍下了一棵做菜用的白松露菌，抱在懷裡就走了。難不成邁太太當成逛菜市場？

　　一時間，輿論為之沸騰。翌日，媒體都在談論這位神祕的美女，在拍賣會上驚鴻一瞥，出手豪闊，隨即飄然而去。她有什麼樣的身世背景？鉅款拍得白松露菌，又將用在何處？

　　邁太太的朋友，史迪克先生在這邊撫掌大笑，這正是他預想中的效果。這棵白松露菌，實際上是史迪克先生的戰利品。如今，以他的身分和地位親自去競拍千萬以下的拍品，是不再可能成為新聞的，所以特地請邁太太出馬。

　　話說，這棵被神祕女子重金拍走的白松露菌，不久再次在媒體現身。

據餐飲界人士提供的情報，有一家著名的餐廳，近日正積極籌備一次盛大宴會，極品血燕也不過是漱口用的，因為主角將是這棵身價不凡的蘑菇。

陸續傳來的消息，層層揭開這個故事的懸念。這場盛宴正在邀請四方名流出席，收到邀請者，也無不欣然應邀。

一是因為，這棵被連篇炒作的極品大蘑菇，著實讓人有一親芳澤的欲望。

二是因為，邀請函中說明，這次出席宴會的來賓，都要支付一筆餐費，這筆錢是專門捐給兒童福利事業的。對於主人甘於花 70 萬港幣拍下這棵蘑菇，再斥資舉辦如此盛大的宴會，賓客如果不願配合，實在顯得小氣。

當日，盛宴上座無虛席，白松露菌香氣縈繞，史迪克先生出盡了風頭。當場清點籌得的善款，全部捐給基金會。這個故事的謎底是，一切為了慈善事業。這使得替史迪克抱回這棵大蘑菇的邁太太，也深感榮耀。

不過，邁太太還是發覺這次慈善行動在環節上有一些缺陷。她問史迪克先生：「如果省下當初買白松露菌的 70 萬，不是有更多的錢，可以捐給基金會了嗎？」

史迪克先生搖搖頭說：「這樣的話，誰還會注意我捐的錢呢？」

邁太太點頭頓悟：「難怪熱衷於慈善事業的，總是富人。」

史迪克在財富的給予與收穫上收放自如，不得不說，其巧妙之處與吸引力法則如出一轍。富人的財富就是這樣得來的。

給予才能獲得，才能吸引更多。需要提醒的是，給予與犧牲不同。給予的前提是感覺「我很富足」，犧牲的前提是感覺「我很有限」，這兩種感覺一好一壞，其產生的影響及吸引來的結果，也會有明顯的好壞差別，一定要注意區分。

友誼與財富

　　世界上人這麼多，為什麼你偏偏和他們成為朋友？為什麼你願意整天和他們待在一起？為什麼你們總是樂此不疲地聊天、聚會、互相鼓勵，互相幫助？因為你願意和他們相處，這讓你感覺很棒。

—— 喬治・里弗斯

（企業家、成功學家）

　　友誼，是一種朋友和朋友之間的感情。它是一種很美妙的東西，可以讓你在失落時變得高興，可以讓你走出苦海，去迎接新的人生。只有擁有真正朋友的人，才能感受到它真正的美好之處。

　　每個人都需要友誼，友誼能為你贏得一切。如果你在運用吸引力法則時，覺得不知從何下手，不妨從改善你的友誼開始。

　　友誼本身就是一種愉悅的載體。友誼發生在個體與他人的友好交往過程中。友誼關係的確立、尋覓到知心朋友，個人的歡樂可向人表達，也可以分擔痛苦，還可以相互激勵。在工作之餘、學習之暇，人們總是想約幾位密友去打打球、游游泳、下下棋、打打牌、唱唱歌、跳跳舞……以求得心情舒暢。在假日，人們樂於邀朋聚友，共度良辰佳時。

　　和朋友在一起，人們總是無拘無束，無話不說，無所不想，任由思想意識充分發揮。這時，人的感覺也是輕鬆的、愉悅的、美好的，即使是傾訴煩惱，也會像卸掉包袱一樣，渾身輕鬆自在，神清氣爽。這就在無形之中，達到了吸引力法則所要求的「感覺美好」的狀態，這種自然而然的達成，會比那些強迫性達到更有效果，它會使你更有效地運用這個祕密。

　　友誼是一種特殊的人類關係，家庭的紐帶儘管也是密切的，但在一定意義上來說，它們有著自然的本能要素；而友誼卻是只有人類才具有的，是人們生活中不可缺少的寶物，更是一筆恆久的財富。

　　有道是：「一個籬笆三個樁，一個好漢三個幫。」一人之知識有限，天下之事理無窮。在科學發展突飛猛進，社會變革日新月異的今天，閉關自守、自以為是，很可能寸步難行，唯有放開手腳、擴大交往，方能趕上時代前進的步伐。

　　多一個朋友多一條道，少一個朋友少一門竅。人無友，好似樹無枝、花無葉、鳥無翼、畜無足。現代人無論從事哪個行業，無論做什麼事情，都不可忘記「交友」二字，都要懂得友誼的珍貴。

　　有一個美國富豪，一生商海沉浮，苦苦打拚，累積了上千萬的財富。臨終前將十個兒子叫到身邊，告訴兒子們自己有 1,000 萬的遺產，決定分給每個兒子 100 萬，但有一個兒子必須獨自承擔他的 10 萬元喪葬費，並且要給福利機構無償捐贈 40 萬元。作為補償的條件，自己會介紹十個最好的朋友給這個兒子。

　　最後，只有小兒子全部接受了父親的條件。其餘的九個兒子，拿到父親的財產後，不到幾年就揮霍一空，入不敷出，無米下炊了。小兒子所剩的錢也不多，當他茫然無助時，想到父親推薦的那十個朋友。

　　於是，小兒子將十個朋友請來一起相聚，並用剩餘的錢吃了一頓飯，父親的朋友們說：「你是唯一一個想到我們的人，謝謝你對我們的深厚情誼，我們要幫你一把！」於是每個人都拿出一頭懷有小犢的母牛，和 1,000 美元送給小兒子，並在生意上給了他許多指點。

　　就這樣，小兒子開始步入商界。許多年後，他成為比父親還富有的人。但小兒子一直沒忘記父親的那十個朋友，一直與他們保持密切聯繫，有什麼事總是請教他們。

　　人的生存都離不開金錢，金錢是必須的。但金錢也只能帶給人一時的享受與滿足，不能讓人擁有一生一世。而朋友的友誼卻能帶給我們溫馨與快樂，朋友的關注能為我們送上鼓勵與扶持，朋友的情意能讓我們受益一生！

法國啟蒙思想家、文學家伏爾泰說：「人世間所有的榮華富貴，不如一個好朋友。」這便再一次說明：財富不是永久的朋友，朋友卻是永久的財富！

時間就是財富

時間是人的財富，全部財富，正如時間是國家的財富一樣。因為任何財富都是時間與行動化合之後的成果。

—— 巴爾札克

吸引力法則並沒有過多涉及時間問題，但這並不是說時間不重要。「時間就是財富」這個哲理，仍然適用於這個偉大的祕密。

如果每天都有 86,400 元進入你的銀行戶頭，而你必須當天用光，你會如何運用這筆錢？天下真有這麼好的事嗎？

是的，你真的有這個戶頭，那就是「時間」。每人每天都會有新的 86,400 秒進帳。那麼，面對這筆財富，你打算怎麼利用它們呢？

你可能沒有莫札特的音樂天賦，也沒有比爾蓋茲那麼富有，但是有一種東西你和別人擁有的一樣多，那就是時間。每個人每天都擁有 24 個小時，從閒暇中找出時間。人生其實就是和時間賽跑，人人都有可能是勝利者，只有不參加的人才是失敗者。

因此，如果你想成功，就必須重視時間的價值。

在瑞士，嬰兒出生後，醫院就會在戶籍卡中輸入孩子的姓名、性別、出生時間和家庭住址。由於嬰兒和大人用統一規格的戶籍卡，因此每一個嬰兒都有「財產狀況」這一欄。瑞士人在為自己的孩子填寫擁有的財產時，寫的都是「時間」。他們認為，對一個人 —— 尤其是對一個剛出生的孩子來說 —— 他們所擁有的財富，除時間外，不會有其他東西。

一個人出生後，到底擁有什麼？說到底，無非是幾十年的時間。所謂

生命，也就是一個逐漸支出時間的過程。有些人需要地位、財富，就用自己的時間去換取權力、金錢；有些人需要閒適，於是就在寧靜和安謐中，從容地度過自己的時日……

軍事學家說：「時間就是勝利。」醫藥學家說：「時間就是生命。」而經濟學家則說：「時間就是財富。」那些在事業上獲得一定成就的人，都深知時間的價值，他們都能夠珍惜時間，善於利用生命裡的每一分每一秒。從某種意義上來說，時間就是財富，時間就是價值。

班傑明·富蘭克林曾是一家小書店的店長，他是個十分愛惜時間的人。某次，一位客人在他的書店裡選書，逗留了一個小時，才指著一本書問店員：「這本書多少錢？」

店員看看書的標價說：「1 美元。」

「什麼，這本薄薄的小冊子，要 1 美元！」那個客人驚呼，「能不能便宜一點，打個折吧！」

「對不起，先生，這本書就要 1 美元，沒辦法再打折了。」店員回答。

那個客人拿著書愛不釋手，但還是覺得書太貴，於是問道：「請問富蘭克林先生在店裡嗎？」

「在，他在後面的辦公室忙，你有什麼事嗎？」店員奇怪地看著那個客人。

客人說：「我想見一見富蘭克林先生。」

在客人的堅持下，店員只好把富蘭克林先生叫了出來。

那位客人再次問道：「請問富蘭克林先生，這本書的最低價格是多少錢？」

「1.5 美元。」富蘭克林先生斬釘截鐵地回答。

「什麼？ 1.5 美元！我沒有聽錯吧？可是剛才你的店員明明說是 1 美元。」客人詫異地問道。

「沒錯，先生，剛才是 1 美元，但是你耽誤了我的時間，這個損失遠遠大於 1 美元。」富蘭克林毫不猶豫地說。

那個客人臉上一副掩飾不住的尷尬表情。為了盡快結束這場談話，他再次問道：「好吧！那麼你現在最後一次告訴我，這本書的最低價格吧！」

「2 美元。」富蘭克林面不改色的回答。

「天哪！你這是做什麼生意，剛才你明明說是 1.5 美元。」

「是的，」富蘭克林依舊保持冷靜的表情，「剛才你耽誤了我一點時間，而現在你耽誤我更多的時間。因此我被耽誤的工作價值也在增加，遠遠不止 2 美元。」

那位客人再也說不出話，他默默地拿出錢放在櫃檯上，拿起書離開了書店。

時間永遠是最寶貴的財富，一旦失去，就永遠不能再來。所以，我們每個人都應該成為時間的守財奴，珍惜自己的每一分每一秒。如果不能成為善用時間的好主人，我們就只能為自己失去的時間而嘆息，甚至為此付出代價。

吸引力法則首要改變的，是你的思想意識，讓你自動自發、情不自禁地朝你的願望努力。這種思想意識不帶絲毫強迫性，所以，你才會忽視時間的存在，忘我地、高效能地邁向實現目標的征程。在這個實現過程中，你的時間充分發揮效率，也就變成了無窮的財富。

精神財富才是恆久的財富

我發現很多人相當富有，但生活仍然很糟糕，這是算不上真正富有的。你可以盡你所能地追逐錢財，也可能獲得極大的成功，但我要說的是，金錢並不能完全決定富裕，它只是富裕的一部分。

——詹姆斯·亞瑟·雷

美國超經驗主義作家、哲學家梭羅說：「有時間增加自己精神財富的人，才是真正享受到安逸的人。」

精神財富，是指人們從事智力活動所獲得的成就。與物質財富不同，精神財富不會隨時間的推移而貶值或遺失，它是你最珍貴的思想體驗，在失意時給你撫慰；在挫折時給你信心；在你老去時給你回憶。它是恆久存於你內心的寶藏。

物質財富並不是生活的全部，精神財富才是人類恆久的財富。吸引力法則也注意到了這點。

人們對吸引力法則這個神奇祕密的關注，總是抱著物質追求的初衷，如名車、豪宅、金錢、權力……等。其實，即使你擁有這一切外在事物，也不能保證你一定會擁有你真正想要的東西 —— 幸福。懂得這個祕密奧妙之處的人，會告訴你，你的終極追求是內心的愉悅、實現感和幸福感，唯有如此，你所要求的外在一切才會實現，你最終所得才會與你的思想感覺保持高度一致。

人的生活離不開物質的依賴，但若沉溺於物質生活的追求和享受，也絕不會獲得幸福。一味追求物質財富，代表沉重和墮落。而精神自由的人文思想，則代表輕逸和自由的空氣，是智慧的象徵。在物質財富的盲目追求中，輕盈的思想自由與輕鬆的幸福感離我們而去，人們屈服於物質世界，屈服於權力、金錢、地位，迷失在物質欲望極度膨脹的野心之中。

思想的局限與對物質財富的貪婪攫取，決定了人的最終思想意識 —— 永遠無法感知幸福，這恐怕是當今社會最危險的精神心理的病態。有些人即使能在物質上獲得一定的成績，但因與吸引力法則的「感覺美好」、「吸引美好」背道而馳，最終仍無法獲得幸福感，他們仍是失敗的。

請看看巴爾札克筆下的葛朗臺形象：

　　葛朗臺是法國索漠城一個最有錢、最有威望的商人。這座城巿盛產葡萄酒，因此，酒桶的巿價很不錯。1789 年法國大革命時，葛朗臺已經是個富裕的桶匠了。他認得字，會寫會算，40 歲時娶了木板商的女兒為妻；買下區裡最好的葡萄園；他向革命軍承包葡萄酒，狠賺了些錢。

　　拿破崙執政時期，他當上區長，還得到拿破崙頒發的榮譽團十字章。1806 年，他又從岳母、外婆、外公處得到三筆遺產，成為州裡「納稅最高」的人物。在收成好的年景，可以出產七、八百桶的葡萄酒，他還有 13 處分種田，127 阿爾邦草原。他由原來只有 2,000 法郎的商人，變為擁有 1,700 萬法郎的大富翁。

　　葛朗臺精明狡猾，他做投機買賣，計劃得「像天文學家一樣準確」；論起他的發財本領，「葛朗臺先生是隻老虎，是條巨蟒：他會躺在那裡，蹲在那裡，把俘虜打量半天，再撲上去，張開血盆大口的錢袋，倒進大堆的金銀，然後安安寧寧的去睡覺，好像一條蛇吃飽了東西，不動聲色，冷靜非凡，什麼事情都按部就班的。」在做交易時，他討價還價，裝口吃，把對方弄得暈頭轉向，而陷入他的圈套，結果他讓別人吃虧，而自己討得了便宜。

　　由於吝嗇和愛財，葛朗臺在家庭生活中，是個錙銖必較的人物。他指揮一切、命令一切，親自安排一天的伙食。連多用一塊糖，多點一根蠟燭也不許可。他的妻子像奴隸般地順從。為了省錢，全家的衣服都由妻子、女兒縫製。她們整天做著女紅，女兒歐也妮已 23 歲了，葛朗臺根本還沒想到過要讓她結親。家裡雜務都由女僕包辦，她「像一條忠心的狗一樣保護主人的財產」。她身軀高大，像個擲彈兵，雄糾糾的臉上生滿了疣。

　　葛朗臺在巴黎的同胞兄弟因無錢償還債務，破產了，他準備自殺。臨死前，他打發兒子查理來投奔伯父。查理 22 歲，比歐也妮小一歲。他是個俊俏的後生和花花公子。

……

歐也妮自出生以來，沒有離開過索漠城一步，她整天只知道縫襪子，替父親補衣裳，在滿壁油膩的屋子裡過生活。家裡也難得來生客。初次見到這位標緻的堂兄弟，弄得她神魂顛倒……

歐也妮高大健壯，她沒有一般人喜歡的那種漂亮。但她的美是一望而知的，只有藝術家才會傾倒。……她對堂弟表現出異常的關心。她瞞著父親盡量招待堂弟吃喝得好些，並把自己的私蓄掏出來待客。葛朗臺卻不願意多花錢，他要女僕用烏鴉煮湯招待侄子。女僕說烏鴉是會吃死人的，葛朗臺說：「我們便不吃死人了嗎？什麼叫遺產？」

葛朗臺從弟弟來信中得悉，弟弟破產了，把兒子托給他監護。然而，葛朗臺不願承擔什麼義務，更不願把查理這個包袱背在身上。……葛朗臺要查理簽一份放棄父親遺產繼承權的聲明書，然後要他填寫一份申請出國的護照，把他打發到印度去。

歐也妮偷看了查理寫給朋友的信件，更加引起她對破產堂弟的同情。她把自己全部積蓄 6,000 法郎送給堂弟當盤纏。查理回贈他一個母親留給他的鑲金首飾盒。他們私訂了終身……

葛朗臺每逢新年，都有把玩女兒積蓄的習慣。1820 年新年到了，他見女兒的積蓄不翼而飛，便嚴加追問。歐也妮只好承認她把錢送給了堂弟。於是葛朗臺大發雷霆。他把女兒鎖在房裡，只給她麵包和冷水。無論誰來說情，他都置之不理，「他頑強、嚴酷、冰冷，像一座石頭。」為此，妻子被嚇病了。

公證人以利害關係勸葛朗臺和女兒講和。他說，如果葛朗臺的妻子死了，歐也妮可以以女兒的身分繼承母親的遺產，而他們夫婦的財產是從未分過的。葛朗臺害怕了，才把女兒放出來。

有一天，歐也妮母女正在欣賞查理贈送的首飾盒，恰好被葛朗臺撞見

了。他看到首飾盒上的金子，眼睛裡發出亮光，把身子一縱，向首飾盒撲過去，「好似一頭老虎撲上一個睡著的嬰兒」。他把首飾盒抓在手裡，準備用刀子把金子挖下來。歐也妮急了，她聲稱如果父親敢碰盒上的金子，她便用這把刀子自殺。父女爭執起來。直到葛朗臺的妻子暈過去，他才住手。此後，葛朗臺妻子的病便一直沒有好過。1822 年 10 月，這位可憐而懦弱的太太死了。葛朗臺透過公證人，讓女兒簽署一份放棄母親遺產繼承權的證件，把全部家產總攬在手裡。

1827 年，葛朗臺已經 82 歲了。他患有風癱，不得不讓女兒了解財產管理的祕密。他不能走動，但坐在轉椅裡，親自指揮女兒把一袋袋的錢祕密堆好。當女兒將儲金室的房門鑰匙交還他時，他把它藏在背心口袋裡，不時用手撫摸著。臨死前，他要女兒把黃金擺在桌面上，他一直用眼睛盯著，好像一個剛知道觀看的孩子般。他說：「這樣才叫我心裡暖和！」神父來幫他做臨終法事，把一個鍍金的十字架送到他脣邊親吻，葛朗臺見到金子，便作出一個駭人的姿勢，想把它抓到手。這一下，便送了他的命。最後他喚歐也妮前來，對她說：「把一切照顧得好好的！到那邊來向我交帳！」他死了。

葛朗臺是歐洲文學史上的四大吝嗇鬼形象之一。在葛朗臺的心目中，金錢已經超越了一切。什麼是情？在葛朗臺看來，只有與遺產、利益掛上鉤時，才有情可言。葛朗臺在物質上的富有，是數一數二的，但他在精神上的貧乏，也是絕無僅有的。由於無度地、不惜一切地追求物質財富，親人、家人以及自己的命運和幸福，都被他的巨額財富葬送了。葛朗臺的一生實為可悲。

物質財富讓世界的演變時尚化、高速化，稍縱即逝、千變萬化的節奏，讓心靈喪失了片刻的寧靜。必須謹記，精神財富才是永恆的財富，心靈上的滿足感與幸福感，才是吸引力法則最原始、最根本的目的。

名人連結 —— 巴菲特　　　　　　　　　◆

華倫・巴菲特，美國有史以來最偉大的投資家，他依靠股票、外匯市場的投資，成為世界上數一數二的富翁。他宣導的價值投資理論風靡世界。他的致富祕訣，可以說是一個世界性的研究課題。毫不誇張地說，巴菲特本人可算是世界上最出色、能量最大的吸金「黑洞」。

巴菲特，1930 年 8 月 30 日出生於美國內布拉斯加州的奧馬哈。父親是當地的證券經紀人和共和黨議員，母親是公認的賢妻良母，也有很好的經濟頭腦。

從童年時代起，巴菲特就極具投資意識，他鍾情於股票和數字的程度，遠遠超過家族中的任何人。巴菲特滿肚子都是賺錢的主意，5 歲時就在家中擺地攤兜售口香糖，稍大後，帶著小同伴到球場撿富翁用過的高爾夫球，然後轉手倒賣，生意頗為可觀。

上學後，巴菲特曾坐在學校的樓梯上，對身邊的同伴們說，他將在 35 歲以前發財。他從來沒表現出自吹自擂的跡象，他自己也對此深信不疑。

1947 年，巴菲特進入賓夕法尼亞大學攻讀財務和商業管理。不過，教授們的空頭理論沒有引起他太多興趣。兩年後，巴菲特便不辭而別，輾轉考入哥倫比亞大學金融系，師從著名投資學理論學家班傑明・葛拉漢（Benjamin Graham）。

1951 年，巴菲特學成畢業，回到家鄉當一名股票經紀人。1954 年，巴菲特又前往紐約，到恩師葛拉漢的投資公司任職。雖然葛拉漢態度保

守，喪失了很多機會，但巴菲特還是把自己的研究成果，默默地用在自己的投資上，這使他獲得了比公司更高的投資報酬率。

不久，巴菲特謝絕恩師的挽留，離開公司，開始創辦自己的事業。他開了一家「巴菲特投資有限公司」，資產是自己炒股得來、不多的積蓄。

創業之初，紐約證券市場處於熊市，巴菲特將主要精力用在創辦實體，開了一家製衣公司，小有累積，但是沒有獲得太大的成功。一段時間後，他果斷地回到股市中，因為他發現自己的天才與興趣，是金融投資。他密切關注股市的發展，精心挑選「垃圾」股，同時經常進行實地考察與分析比較。巴菲特有敏銳的市場眼光，比其他人先看到炒作的題材。

當時，美國的傳播業處於低潮，許多報刊與廣播公司虧損，絕大多數人認為，這種狀況將繼續低迷，股價會不斷走低。而巴菲特認為，它們是成長性企業，後期看好，其股市價值遠遠低於實際價值，在股市上，人家拋出，他偏吃進。巴菲特盡一切可能，大量吃進包括「華盛頓郵報」、「美國廣播公司」……等在內的多種傳媒業股票。很快，這些企業因業績前景好轉而止跌上漲，巴菲特再度高價位出手，賺到上百萬美元。巴菲特就是以這種方式進行勤奮耕作，創業兩年後，他的投資公司，市值達到 2,200 萬美元。

波克夏·海瑟威公司（Berkshire Hathaway）原本是一家不錯的投資公司，規模不大，但有較好的聲響，1965 年因經營不善，該公司瀕臨破產，每股價格僅 12 美元。透過反覆調查比較後，巴菲特力排眾議，甚至對親朋好友的忠告也置之不理，以合作的方式購下該公司，出任董事長兼總經理。

巴菲特作出了人生轉折中最重要的選擇，他有了自己的立足之地 —— 一家獨立的投資公司，並以此進入證券市場，如魚得水，賺盡天下財富。

2003 年《財富》雜誌資料顯示，華倫・巴菲特個人資產 280 億美元，是世界 10 位億萬富翁之一。2004 年《富比士》雜誌全球富豪排行榜顯示，巴菲特個人資產 429 億美元，是全球富人的第二把交椅。

巴菲特在股票投資中堅持中長期投資，投資週期一般是 5 ～ 10 年，這需要堅持投資他熟悉的領域，堅持做自己熟悉的股票，「做熟不做生」是他絕不動搖的操作方法，巴菲特就是靠此獲得成功的。

第八節　快樂的祕密運用

快樂就像一個使者，能讓我們忘掉煩惱和痛苦。每個人都想要快樂，有許多人，與生俱來就有許多讓自己快樂的本領；也有許多人，一生漂泊、一生落魄，好像注定與快樂無緣。其實，只要你用心尋找，很快就會發現：快樂其實很簡單。

吸引力法則認為，快樂是一種心境，一種精神狀態。快樂發自你內心，你可以隨時創造一種「我很快樂」的心境，你想要多快樂，就會有多快樂。能夠決定你是否快樂的，是你自己的心態。調整好心態，你選擇了快樂，自然也就擁有了快樂！

感受快樂

快樂的人思想會產生快樂的生化物質，也會有較健康的身體；悲傷的思想會產生不利的生化物質，會使身體和腦部功能逐漸惡化。人的情感和思想，就這樣不斷地重新組合、重新改變、創造人的身體。

—— 約翰・哈格林

生活本身並無所謂快樂或痛苦，快樂與痛苦只是我們對生活的感受。對待生活，你從不同角度看待，就會有不同的感受。哲人布雷默說：「真正的快樂是內在的，它只有在人類的心靈裡才能發現。」其意就在於，快樂要透過心靈來發現，要用心去感受快樂。

吸引力法則給我們的快樂處方是：如果你覺得自己是快樂的，你就是快樂的，你就會獲得更多的快樂。

細心觀察便會發現，生活中的每一個細節，都蘊藏著快樂，只在於你是否感受到了而已。快樂的人，透過每一件事，都能發現令自己歡愉的因

素，他們甚至還能讓這種快樂進一步擴散，鼓舞和影響周圍的人，讓他們也快樂起來。

你尋找什麼，就會得到什麼 —— 每件事物、每個人身上，你都能尋找到讓你快樂的東西，也能尋找到讓你不快樂的東西。

然而，在很多人的生活歷程中，向來都是被教導著做最壞的打算來面對事情，因為這樣就比較不會失望。顯然，這種消極想法阻礙了一個人追逐夢想的步伐，阻止了他去體驗人生的快樂！

一位富翁事業有成、妻子貌美、兒子聰明，但整天忙忙碌碌，總覺得憑自己的實力，應該把事業做得更大、做得更好，為此整天飯也吃不香，覺也睡不甜，愁眉苦臉的。

在富翁家附近有一個修鞋匠，卻整天樂呵呵的，一邊工作一邊唱著小曲，有時還和顧客說笑兩句。

富翁很羨慕鞋匠的生活，不明白自己什麼都不缺，為什麼還不快樂，就去問鞋匠，鞋匠說：「我每天修鞋賺的錢，不僅花不完，還能存一些，我還有什麼煩惱呢？」

可見，快樂並不是富人的專利，它就像水和空氣一樣，是我們身邊最常見的物質，只要擁有一顆平常心，你就能感覺到它的真實存在。

對任何人來說，快樂的活著就是成功的人生，誰都會渴望自己能擁有更多的快樂。然而，生活中總有很多不快樂的人，這些人喜歡怨天尤人，怪上天不偏愛自己，怪命途多舛，抱怨事業不順、家庭不和……其實這些都不是你不快樂的決定因素，真正決定你快樂與否的，只是你自己的感受！

人的心靈空間是有限的，只能對周圍的事物作出有限的感知，不可能把什麼事情都弄個一清二楚、明明白白。正因如此，人們可能更在乎你帶來的快樂情緒，他們渴望得到來自其他方面的好消息。

所以，不管你是不是有意忽略這些看不見、摸不著的快樂，你都應該

意識到它們的存在，除了自己所感受到的具體事物外，仍有許多快樂的感情存在於我們周圍。對這個世界的體驗和掌握，大部分源自於你對事物所持有的態度 —— 那份源自心靈深處的快樂。

快樂可以選擇

快樂不在於事情，而在於我們自己的選擇。如果你選擇憂鬱，憂鬱馬上就會來臨；如果你選擇傷感，傷感的氛圍馬上就會將你包圍；如果你選擇失望，失望馬上會讓你情緒低落。與此相反，如果你選擇快樂，快樂也會立刻讓你切身感受到它的存在。

—— 華格納

吸引力法則本身也是一種選擇，選擇一種積極的、樂觀的、正面的思考方式去看待問題，然後透過這種有利的思想產生的吸引力，來實現自己的願望。

快樂與否源於你的感受，感受又源於你的思想和思維方式，所以，從吸引力法則的角度來看，快樂也是可以選擇的。

人生在世，有很多無奈；生活也不可能完美無缺，總會有很多不順心、不如意的事。雖然上帝不會給我們快樂，但也不會給我們痛苦，祂只會給我們機遇。快樂就像機遇，不在於你作出怎樣的回答，而在於你作出的選擇。你選擇擁有它，就會得到它；你無視它的存在，就會永遠與它無緣。

人們總覺得別人比自己快樂，擁有的幸福比自己多。他們在羨慕別人的時候，總是忘記自己生活中也有快樂的一面。其實，生活沒有絕對的好與壞，不管你面臨怎樣的境況，都可以作出快樂的選擇。

如果你選擇痛苦，你就會得到痛苦；如果你選擇快樂，快樂就會如期而至。

傑里是個飯店經理，他的心情總是很好。當有人問他近況如何時，他回答：「我快樂無比。」如果哪位同事心情不好，他就會告訴對方怎麼看待事物的正面。

他說：「每天早上，我一醒來就對自己說，傑里，你今天有兩種選擇，你可以選擇心情不好，也可以選擇愉快。我選擇後者。每次有壞事發生，我可以選擇成為一個受害者，也可以選擇從中學到東西。我還是選擇後者。人生就是選擇，選擇如何去面對各種處境。歸根結柢，你選擇如何面對人生。」

有一天，他忘記關門後，被三個持槍的歹徒攔住了，其中一個朝他開了槍。

幸運的是，發現較早，傑里被送進急診室。經過 18 個小時的搶救和幾個星期的精心調養，傑里出院了，只是仍有小部分彈片留在他體內。

6 個月後，有位記者問他近況如何，他說：「我快樂無比。想不想看看我的傷疤？」看完傷疤，記者又問他當時都想到些什麼？傑里回答道：「當我躺在地上時，我對自己說，有兩個選擇：一是死，一是活。我還是選擇後者。」

「但是當醫生和護士們把我推進急診室，我從他們的眼裡讀到『他是個死人』的資訊時，我知道我必須採取一些行動。」傑里說。

「當有個護士大聲問我有沒有對什麼東西過敏時，『有的』，我立刻回答。然後深深的吸一口氣，大聲吼道：『子彈！』在一片大笑中，我又說道：『請把我當活人來醫，而不是死人。』」

就這樣，傑里活了下來。

生活從來就不缺少快樂，只要你像傑里一樣，先選擇以快樂的方式去思考，去想像，然後在快樂思想的支配下，採取必要的行動，宇宙就會將快樂回饋給你。

想像美好的事物

　　想啟動宇宙間最偉大的法則 ── 吸引力法則，你就必須做好一件事：盡你所能地讓你想要的事物，在你頭腦中保持絕對清晰的景象。然後，你就會實現你的願望。比如說快樂，如果你已經擁有關於快樂的明確概念，並去想像與之相關的一切，你很快便會得到你想要的快樂。

── 約翰·阿薩拉夫

（作家、企業顧問、講師）

　　快樂純粹是內在的，它不是由客體產生的，而是由主觀意識、思想和態度產生的。不論環境如何，只要你心裡想的是美好事物，你就能感到快樂。亞伯拉罕·林肯曾說：「我一直認為，只要心裡想著快樂，絕大部分人都能如願以償。」

　　吸引力法則已經說明，你目前的生活，就是你過去思想的結果 ── 包括所有美好的事物，以及在你看來不那麼美好的事物。既然「你希望的美好事物」是被你的思想吸引而來，那麼了解和掌握你生活中的每個思想，就變得尤為重要了。

　　每當你說「我累了」，並讓這種感覺沉入到潛意識時，你幾乎立刻就會感覺到更加疲倦。每當你感覺「我生病了」，並讓這種感覺沉入到潛意識時，你也總是感到情況變得更糟。同樣，在你虛弱、傷心、失望、沮喪時，也是這樣。相反，當你感覺開心、強壯、不懈、堅定時，讓這些感覺進入潛意識中，你總是會覺得更好。

　　比如減肥，想減肥的人都知道少吃多動的原則，但卻做不到。為什麼做不到呢？因為他們腦海中想的總是自己如何肥胖，如何將多餘的贅肉去掉。他們想的是減肥過程中的難度。這種難度經常擊垮他們的意志，最後還是多吃少動的思想占了上風。

　　這時就應該改變觀念，腦子裡想的應該是你最期待的，讓你感覺最美好的事物 —— 苗條的身材。你不停地想像這種令你愉悅的東西，你的身心就會輕鬆，就不會背上減肥的思想包袱，就會吸引減肥的成功。

　　所以，請果斷地拒絕那些讓你感覺不好的事物，你要常想的是那些讓你感覺美好的事物，這樣你才能快樂，才能得到你想要的東西。

　　尼爾森是個同性戀者。自從大家發現這個祕密後，尼爾森的生活就變得嚴酷起來。

　　在工作上，同事們總喜歡拿這件事來開玩笑，甚至聯合起來欺辱他。尼爾森覺得那些傢伙一個個都壞透了，和他們在一起工作，壓力實在太大。在生活上，他也逃脫不了這種不幸。每當走在街上，他總會遇到敵視同性戀的人來找麻煩。他們用各種方式侮辱他。

　　那段時間，尼爾森的生活簡直糟透了。他每時每刻都感受著這種不幸和痛苦。因為自己是個同性戀，他遭受無端的、沒有盡頭的攻擊。為此，他一度曾想自殺。後來不得已，他去看了一名心理醫生，一切才變得美好。

　　心理醫生告訴尼爾森，要把注意力放在美好的事物上，這樣才能讓自己快樂起來。醫生請尼爾森再次回想與他見面時交談的內容，並說，你看，你跟我說的那些，都是你不想要的東西，而且你在表達那些東西時，總顯得很激動。當你很激動地將注意力放在某種東西上時，就會促使它更快的發展。

　　尼爾森聽從醫生的勸告，開始將注意力放在美好的事物上。接下來的二個月內，意想不到的情況發生了。

　　他辦公室裡那些討厭的傢伙，要麼被調到別的部門，要麼離開公司，要麼再也不找他任何麻煩了。他開始熱愛自己的工作。而且他發現，當自己走在街上時，也沒有人來找麻煩了，那些傢伙像是人間蒸發了一樣。

他的生活發生了徹底的改變。他不再思考那些他不想要的東西，以及那些擔心害怕和想要避免的事情。他已習慣將所有精力放在美好的事物上。

從尼爾森身上我們不難發現，積極樂觀地想像美好事物，對快樂、成功來說，是多麼的重要。

如果你積極地想像擁有強健的體格，並全心希望潛意識為你構建一副更強壯的身體，你就會發現這將逐步、並最終完成，你在身體力量方面，將會開始持續的改善。如果你積極地想像，在特定領域或興趣上得到更大的能力，並希望潛意識在這個領域產生出更大的精神動力，你的能力也將如預期地增長。

想像美好，你就會得到美好，這也就是吸引力法則的神奇之處。

我現在就是快樂的

不要以感傷的眼光去看過去，過去再也不會回來了，最聰明的辦法，就是好好對付你的現在 —— 現在正握在你的手裡，你要以堂堂正正的大丈夫氣概去迎接如夢如幻般的未來。

—— 朗費羅

吸引力法則之所以能達成一切願望，本身還有一個祕密，就是 ——我現在就是快樂的。

這個不為人知的祕密，是成功運用吸引力法則的一個捷徑。它是將一切你想要的東西吸引到身邊來的最快方式。因為，如果你現在就是快樂的，便會把快樂和喜悅的感覺散發到宇宙中，隨後，更多能使你快樂和喜悅的事物被吸引而來 —— 包括你想要的一切。

如果你在腦海中牢牢確立「我現在就是快樂的」的感覺，你的生活就

會發生巨大的變化，快樂會迎面而來。在這絕佳的心情和心境中，你的願望會全部實現。

　　然而，「我現在就是快樂的」對人們來說並不容易。許多人長年累月忙於工作，放棄了每一個放鬆、快樂的機會。他們不讓自己有任何奢侈的行為，不會去看一場電影或聽一場音樂會，也不會去郊一次遊，不會去買一本渴望已久的書。他們想，等自己有足夠的金錢時，就會有更多的享受了。每一年他們都渴望來年自己會過上幸福的生活，或許可以來一次奢侈的旅行。但是到了第二年，他們會發現自己必須再忍耐一年，再節約一些。於是，一年一年這樣推遲，最後，吸引來的當然還是不快樂的結果。

　　當他們發現自己可以追求的時候，一切都晚了，等他們可以去國外旅行，可以去聽音樂會，可以去買一件藝術品，可以透過閱讀開闊自己的眼界時，他們已經沒有時間，沒有健康，或他們已經習慣單調的、失去色彩的生活，熱情早已消逝，願望早已磨滅了。享受生活的能力，早已被長年壓抑的生活所破壞。

　　快樂就在今天，不要總是把快樂寄託在明天，這本身就是一種錯誤。

　　上個世紀初，有一位猶太少年，他做夢都想成為帕格尼尼那樣的小提琴演奏家，他一有空就練琴，練得心醉神迷，走火入魔，卻進步甚微，連父母都覺得這可憐的孩子拉得實在太差勁了，完全沒有音樂天賦，但又怕講出真話，會傷害少年的自尊心。

　　有一天，少年去請教一位老琴師，老琴師說：「孩子，你先拉一支曲子給我聽聽。」

　　少年拉了帕格尼尼 24 首練習曲中的第三支，簡直破綻百出，令人不忍卒聽。一曲終了，老琴師問少年：「你為什麼特別喜歡拉小提琴？」

　　少年說：「我想成功，我想成為像帕格尼尼那樣偉大的小提琴演奏

家。」

老琴師又問道：「你快樂嗎？」

少年回答：「我非常快樂。」

老琴師把少年帶到自家的花園裡，對他說：「孩子，你非常快樂，這說明你已經成功了，又何必非要成為像帕格尼尼那樣偉大的小提琴演奏家不可？你看，世界上有兩種花，一種花能結果，一種花不能結果，不能結果的花更加美麗，比如玫瑰，又比如鬱金香，它們在陽光下開放，沒有任何明確的目的，純粹只是為了快樂，這就夠了。在我看來，快樂本身就是成功。」

老琴師的話意味深長，耐人咀嚼。

少年聽了琴師的話，深受觸動，他回家後又思索良久，完全明白，琴師教給他的是一種人生哲學。快樂勝過黃金，是世間成本最低、風險也最低的成功，卻能讓人真實的受用。倘若捨此而別求，很可能會陷入失望、悵惘和鬱悶的沼澤。少年心頭的那團狂熱之火，從此冷靜下來，他仍然常拉小提琴，但不再受困於帕格尼尼夢想。

這位少年是誰？他就是日後以狹義相對論和廣義相對論名震天下的物理學家阿爾伯特・愛因斯坦。他一生仍然喜歡小提琴，雖然拉得十分差勁，卻能自得其樂。

可見，並不是要成功了才快樂，而是快樂了才能成功。

快樂即成功，這是充滿陽光的人生哲學。「我現在就是快樂的」，正因為我現在快樂，才樂於吸引那些未來能讓我快樂的東西，這是實現吸引力法則的過程，也是實現快樂的過程。

知足才能常樂

你不必再三對宇宙提出要求，一次就好。這就像你平時下訂單一樣，東西點一次就可以了，你不會下了訂單又去懷疑，然後不斷的下訂單，你只需要下一次。如果第一次你的要求就是如此繁多，那麼最終，你可能什麼也得不到。

—— 喬・維托

運用吸引力法則的第一步，就是向宇宙下訂單，提出「要求」。雖然這個法則能兌現你訂單上的一切東西，實現你的一切「要求」，但你每次只能下一個訂單。

任何事物，不管它多麼美好，不管你想擁有它的願望多麼強烈，你也只能一個接著一個地逐一實現。就像人不可能同時跨入兩條不同的河流，你實現願望的過程也只能循序漸進。

人一生往往有許多夢想，但一個人的時間和精力總是有限的，實現這個，就沒時間顧及那個；實現那個，又沒精力顧及這個。所以，這時就要樹立正確的心態，養成一種知足常樂的心理習慣。

人的生理需求其實很容易滿足，難以滿足的是人無限膨脹的欲望。房子再大，也只能待在一間屋子裡，睡在一張床上；山珍海味再多，也只能吃下胃能夠裝下的東西；名牌服裝再多，也只能穿一套在身上；汽車再多，也只能開一輛在街上跑……可是，人們追求物質享受的那種無窮盡的欲望，有時卻使財富變成一種累贅。買了大房子，還想買更大的房子，屋子裝修了一遍又一遍，小汽車換了一輛又一輛，家用電器更新了一代又一代。不是因為別的，只是因為有錢，只是希望那些東西、那些身外之物，看起來更氣派、更豪華、更先進。

　　每個人都有選擇自己生活方式的權利，有些人就喜歡苦苦追求這種成就感。吸引力法則也曾明示，正因為人們的目標各不相同，才使人們都能實現自己的一切。但是，如果無限膨脹的欲望，讓你整天疲於奔命、寢食難安，帶給你無限的煩惱，一生與快樂無緣，那你這種生活方式對你的生命來說，就沒有任何價值了。

　　想掙脫欲望的陷阱，贏得快樂的人生，必須明白知足常樂的道理。關於知足常樂的心態，俄國作家契訶夫曾經寫過這樣的文字：

　　生活是極不愉快的玩笑，不過要使它美好，卻也不太難。為了做到這點，光是中頭獎贏得 20 萬盧布、得到「白鷹」勳章、娶個漂亮女人，還是不夠的 —— 這些福分都是無常的，而且也很容易習慣。

　　為了不斷地感到幸福，甚至在苦惱和愁悶的時候也感到幸福，那就需要：(1) 善於滿足現狀；(2) 很高興地感到：「事情原來可能更糟呢！」這是不難的。

　　要是火柴在你衣服的口袋裡燃燒起來，那你應當高興，而且感謝上蒼：多虧你的口袋不是火藥庫。要是有窮親戚來別墅找你，那你不要臉色發白，而要喜氣洋洋地叫道：「很好，幸虧來的不是員警！」要是你的手指頭扎了一根刺，那你應當高興：「還好，多虧這根刺不是扎在眼睛裡！」如果你的妻子或小姨子練鋼琴，那你不要發脾氣，而要感激這份福氣：你是在聽音樂，而不是聽狼嗥或者貓叫的音樂會。

　　你該高興，因為你不是拉長途馬車的馬，不是雷文霍克的「小點」（細菌），不是旋毛蟲，不是豬，不是驢，不是臭蟲……你要高興，因為眼前你沒有坐在被告席上，也沒有看見債主在你面前，更沒有和主筆談稿費問題。

　　如果你不是住在偏遠的地方，那你一想到命運沒有把你送到偏遠的地方去，你豈不覺得幸福？要是你有一顆牙在痛，那你就該高興，幸虧不是

滿口牙痛。你該高興，因為你居然可以不必坐在垃圾車上，不必一下子跟
三個人結婚……

　　要是你被送到警察局去，那就該樂得跳起來，多虧沒有把你送到地獄
的大火裡。要是你被樺木棍子打了一頓，那就該蹦蹦跳跳，叫道：「我多
麼幸運，人家沒有拿帶刺的棒子打我！」要是你的妻子對你變了心，那就
該高興，多虧她背叛的是你，不是國家。

　　契訶夫的這段話難免使人聯想到「阿 Q」，但是，這裡所指的「知足
常樂」，並不是一味陶醉的精神勝利法。在一個人的生命過程中，階段性
的自我安慰是必要的，它是快樂的催化劑，是以退為進地運用吸引力法則
的一種絕妙方式。

用快樂寫就一生

　　快樂，使生命得以延續。快樂，是精神和肉體的朝氣，是希望和信
念，是對自己的現在和來來的信心，是一切都該如此進行的信心。

── 果戈里

　　將吸引力法則運用到你的整個人生過程，簡單來說就是一句話──
用快樂來寫就一生。

　　吸引力法則總是不斷在你耳邊灌輸這樣的思想，「你要有積極的情緒和
心態」，「你要樂觀地看待這件事件」，「你要正面地思考這個問題」……等。
類似這些，難免過於繁瑣，那麼現在，就將它們歸結為兩個字──快樂。

　　快樂是一把火，它可以燃起你成功的希望。快樂也是可以傳播的，它
可以把美好的感情傳給更多的人。

　　我們都曾在不同場合遇到這樣的情況，某人說：「我有一個好消息。」
這時所有的人都會停下手裡的工作望著他，等他說出來才罷。

好消息除了引人注意以外，還可以引起別人的好感，引起大家的信心與幹勁，甚至幫助消化，使你胃口大開。

有人問，快樂一定需要有非常雄厚的物質基礎吧？其實，快樂並不是貴族的專利，它就像水和空氣一樣，是我們身邊最常見的物質，只是有時候，我們無法看到它的存在。

美國前總統卡特出生在肯塔基州森林裡的一間小木屋，生活中的不幸幾乎都被他遇到了。然而，卡特從未就此而失去快樂。他認為，苦難和快樂是兩回事：「不僅要在必要的情況下忍受一切，而且還要喜愛這種情況。」

後來，卡特回憶說：「這種快樂的心理很重要，可以使自己從實際條件和境界出發，從來不抱怨什麼，最終成為一個成功者。」

他曾說：「如果我出生在一個貴族家庭，在哈佛大學法學院得到學位，而且又有幸福美滿的婚姻生活，我也許絕不可能在蓋茲堡發表演說，也不會在第二次演說中說出那句如詩般的名言 —— 這是美國統治者所說過最美也最高貴的話：不要對任何人懷有惡意，而要對每個人懷有喜愛……」可以說，卡特的一生成就，是用快樂寫成的，沒有快樂心理的支配，他就不可能成功。

假如你也希望像卡特那樣，充分享受每一個快樂的日子，那麼，就試著從現在開始吧！每天回家時，盡量把好消息帶給大家共用，告訴他們今天所發生的好事。盡量討論有趣的事情，同時把不愉快的事情拋在腦後。也就是說，多說好消息。把好消息告訴你的同事，要多多鼓勵他們，每一個場合都要誇獎他們，把公司正在發生的正面事情告訴他們。不要像蝙蝠那樣，到處傳播壞的消息，因為傳播壞消息的人，比傳播好消息的要多，所以你千萬要了解這一點！散布壞消息的人，永遠得不到朋友的歡心，也永遠一事無成。

　　優秀的推銷員是專門說好消息的專家，他們每個月都去拜訪顧客，且經常把好消息帶給別人。想想看，當你帶著對某事物的一定感知，有備而來，出現在顧客面前時，一定希望把這種帶有很強的主觀性和目的性的說法介紹給對方，使顧客接受你的看法。雖然不同的人一定會有不同的看法。不管怎樣，我們應該明白，好消息是最容易被人接受的產品。

　　總之，現在就快樂起來，並持續保持，讓快樂就此貫穿你的整個生命。

名人連結 —— 卓別林　　　　　　　　　　✧

查理・卓別林，享譽世界的喜劇大師，默片時代的巨星，一生創作無數精彩影片，給觀眾帶來無窮的歡樂。生活中，卓別林也是積極樂觀的。無論是在影片中，還是在現實裡，卓別林總在創造快樂。這些快樂幫助他實現了夢想，事業上的輝煌成就也被吸引而來。

　　卓別林，1889 年 4 月 16 日出生於英國倫敦。父母都是演員，生活安逸。然而好景不長，父親逐漸染上酗酒，使這個家庭走向決裂。

　　幼小的卓別林跟隨母親生活。1896 年，卓別林的母親失業，兄弟兩人被送入倫敦蘭貝斯區的一個少年感化院。幾週後，他們又被送入一個收養孤兒的學校。卓別林 12 歲時，父親因酗酒去世，母親患精神病，最後被送入一個精神病院。

　　卓別林在簡陋的出租房間、國立貧民院及孤兒院中度過了辛酸的童年。早年的貧困生活啟發他後來創造流浪漢形象的靈感：小鬍鬚、細手杖、大號褲子及皮鞋，和歪歪扭扭的晚禮服，暗示兒童天真想像中的威嚴成人，意在用一個天真無邪的形象，重新塑造一個下層階級的代表。

　　即便在處境最為艱難的時刻，卓別林也始終堅信自己蘊藏著特殊的才能。他鼓足勇氣，前往倫敦一家高級戲院找經理商應聘，竟獲得新編《夏洛克・福爾摩斯》劇中的小傭人比利一角。1903 年 7 月 27 日，該劇在氣勢恢宏的帕維隆劇院首演，不久又外出巡迴演出。卓別林似乎一夜發生巨變，找到了立志從事的事業。

　　17 歲時，卓別林進入當時非常有名的卡爾諾（Fred Karno）劇團。在這裡，他遇到了讓他終生受益的良師卡爾諾。正是卡爾諾，把卓別林帶進喜劇的最高行列。

　　在卡爾諾劇團，卓別林有很多機會可以去巡迴演出，他很希望能去美

國。1912 年，卓別林夢想成真，他在美國的演出非常轟動，以至於引起美國電影製片商的興趣。當時，啟斯東公司的老闆賽納特一眼相中了這個來自異國他鄉的青年，卓別林開始了嚮往已久的演員生活。

卓別林在啟斯東扮演各式各樣的角色，其中有許多與他獨具一格的整套喜劇手法很不協調。卓別林曾說：「我並不是很喜歡自己的早期影片，因為在這些影片中，我很不容易控制自己。一兩塊奶油蛋糕飛到人的臉上，也許還有點逗趣，可是，如果整個喜劇性僅僅依靠這種方法，那麼影片馬上就會變得單調而索然無味了。也許我無法實現自己的每一個意圖，不過，我是一千倍地更喜歡用一種俏皮的姿態，而不願用粗鄙和庸俗的行為去贏得笑聲。」

卓別林基於他真正藝術家的天性，越來越清楚地意識到幽默對生活基礎的特殊意義。他開始從早期的滑稽電影中擺脫出來，逐漸地把嚴肅的題材和喜劇片的傳統手法非常巧妙地結合起來。

1918 年 1 月 21 日，卓別林自己的製片廠正式落成。之後，他陸續製作了《從軍記》、《尋子遇仙記》、《淘金記》、《馬戲團》、《城市之光》、《摩登時代》、《大獨裁者》等重要影片。

當時的愛因斯坦很喜歡卓別林主演的電影。一次，他寫信讚揚卓別林說：「全世界的人都能理解你的幽默、含蓄，你確實是一位偉大的藝術家！」卓別林回信說：「世界上只有很少人能理解你的相對論，但你仍然是一位真正偉大的科學家！」

1953 年初，因受電影臺詞中的牽連，卓別林遭到當局打壓。不久，他就賣掉了美國的全部財產，把手稿、影片等珍貴資料運往瑞士。從此，卓別林在日內瓦湖北岸風景優美的維威鎮定居下來，並於 1950 年代末完成了 40 萬字的《我的自傳》。

直至 1960 年代，這種情況才得到緩解。1963 年，卓別林在紐約組織

了自己的電影節。1972 年，他在奧斯卡有史以來最熱烈且持續時間最長的起立鼓掌聲中，接受了美國電影學院頒發的奧斯卡特殊成就獎。

1975 年，86 歲的卓別林被英國女王伊莉莎白二世加封爵位。儘管他身體漸趨虛弱，但仍一如既往地熱愛工作。他說：「生活的目的在於工作，因此我熱愛生活，一直都感到快樂。」

1977 年耶誕節平安夜，卓別林家裡子孫滿堂。家人將他安頓在他自己的房間裡，讓門敞開著，以便他能聆聽到迴盪在別墅內的喜慶之聲。第二天清晨，家人發現，這位世界喜劇大師，已在耶誕節快樂安詳的氣氛中，永遠地沉睡過去，終年 88 歲。

第九節　人際關係的祕密運用

人際關係，即人與人之間，在一段過程中，彼此藉由思想、感情、行為所表現的吸引、排拒、合作、競爭、主導、服從等互動的關係。良好的人際關係是社會正常運轉的潤滑劑，和諧、友好、積極、親密的人際關係，是社會生活中，人與人之間進行交往的基礎。

在吸引力法則中，行動被看作是「引發我們去做」的思想，行動與思想一致，就會與願望相契合，就會在生活中建立良好的人際關係。由此，這個祕密就告訴你，人際關係的好壞完全取決於你的思想，完全取決於你自己。

認識你自己

大家都知道，在人際交往中，事先了解交往的對象是很重要的。不過我要說的是，在做好這項工作之前，你必須先徹底的了解自己，認識自己。

—— 麗莎·尼可斯

早在 2,000 年前，古希臘人就把「認識自己」作為銘文，刻在德爾菲神廟上。然而時至今日，人們仍不得不遺憾地說，「認識自己」的目標還遠遠沒有實現。

認識自己，就是不要僅看到眼前的自己，還要學會用發展的眼光看待自己。要了解昨天的「我」，認識今天的「我」，追求明天的「我」；要看到自己的長處，並依靠這些長處使自己不斷進步；同時，也要看到自己的不足，知道自己應該努力的方向。

只有充分了解自己，你才會知道自己的努力方向，知道成功的內在動

力。因為只有你才了解你自己，才知道自己想要的是什麼、為什麼而努力，才知道從中你可以獲得什麼，需要付出什麼 —— 只有這樣，你才能保證在思想指導下的行動的有效性，才能完全啟動吸引力法則在你身上的神奇能量。

凱勒豐是蘇格拉底相知極深的朋友。有一天，他特意跑到德爾菲神廟，向神請教一個問題：「世上到底還有誰比蘇格拉底更聰明？」

神諭曰：「沒有誰比蘇格拉底更聰明的了。」

凱勒豐高興地向蘇格拉底展示了神諭的內容，可是他從蘇格拉底臉上看到的，卻是迷茫和不安。蘇格拉底並不認為自己是最聰明、最有智慧的人。

蘇格拉底要尋找一位智慧聲譽過於他的人，以反證神諭的不成立。

他先找到一位政治家。政治家以知識淵博自居，和蘇格拉底侃侃而談。蘇格拉底從中看清了政治家自以為是、其實無知的真相。他想，這個人雖然不知道善與美，卻自以為無所不知，我卻意識到自己的無知，看來我似乎比他聰明一點。

蘇格拉底一一尋訪以智慧著稱的人，結果發現，名位最高的人，幾乎是最缺乏智慧的，名位較低的人反而有更多的學識。

蘇格拉底還不滿足，依然繼續著他的證明。他找到一位詩人，發現詩人作詩是出於天賦，而詩人自以為能寫幾句歪詩，便目空一切。

接下來，蘇格拉底又向一位工匠請教。想不到工匠竟在重蹈詩人的覆轍，因一技在手，便以為無所不能，這種狂妄反而抵消了他所固有的智慧之光。

最終，蘇格拉底悟出神諭之話的深意：神並非說蘇格拉底最有智慧，而是以此警醒世人 —— 你們之中，唯有像蘇格拉底這樣的人最有智慧，因為他自知其無知。

心靈感悟：「認識自己」，這句鏤刻在德爾菲神廟上的名言，曾賦予蘇格拉底一種深沉的智慧之光。而今，蘇格拉底的證明，則向我們開啟了一扇智慧之門：許多時候，了解自己，或者了解真理，都是從意識自己的無知開始的。

對自己有完全的認知，然後，才能去認識別人，才能在實現理想的過程中，與別人更好地交往。這種在自我認知基礎上構建的良好人際關係，正是你的思想所期望的，它會促使吸引力法則更快、更好地發揮作用。

在這個法則中，你就是想像中的「自我」，別人判斷你能力的唯一標準也只是你的行動，行動受你的思想控制，思想又取決於你對自己的正確認知。所以，認識你自己總是必要的。

著名作家詹姆斯‧米切納（James A. Michener）曾寫道：「人一輩子所經歷的最漫長旅程，就是 —— 找到自我。如果在這一點上失敗了，那麼無論你找到別的什麼，都沒什麼意義了。」因此，請在頭腦中想像，將自己一層層地剝落，去認識內心最真實的本性、潛能，真實的自我所需、所喜和追求，積極正確地思索。

尊重自己

如果你真的相信自己，並且深信自己一定能達到夢想，你就真的能夠步入坦途，而別人也會更需要你。

—— 戴爾（企業家、成功學家）

在人際交往中，想讓別人尊重你，首先你必須自己尊重自己。只有尊重自己、看得起自己，才會不畏懼別人；不畏懼和別人交往，才會得到別人的尊重。

如果你看不起自己，沒有用尊重和熱愛來對待自己，你就會向周圍的

人、向宇宙發出資訊：我不重要、我沒有價值、為了我不值得……這樣的資訊會持續不斷地發送，於是，更多「你不重要、你完全可以被忽視」的相關訊息被吸引而來，對你不友善的人會越來越多，你會陷入人際關係的絕境。

你之所以遭受這樣的困境，完全是由你的思想造成的。你的思想到處流露著對自己的不尊重，吸引來的當然也只是別人對你的不尊重。所以，從現在開始，你必須用尊重和熱愛來善待自己，然後，在吸引力法則的作用下，你在人際交往中也會贏得尊重和熱愛。

人們從小受到虛假的觀念、準則和信條的限制，往往使人意識不到實際上自己是多麼有能力，多麼有優勢。要知道，每個人都是自己生活的創造者，都有力量改變生活的任何一面。

每當我們勝利地完成一項工作時，不管這項工作重不重要，不管別人對我們的成功如何看待，只要自己覺得它是出類拔萃的，就應該承認自己的能力，為自己的能力自豪，並為此贈給自己一份美好的禮物。這樣，就會增加自己前進的動力。哪怕只是細小的成功，經驗的累積，也會逐步激發出我們的自信心，挖掘出生命深處的潛能，逐漸勝任高品質的、有創造性的工作。

所以，不管是在生活還是在工作中，自我尊重、自我認可，都能產生巨大的推動作用。

蘇格拉底在風燭殘年之際，想考驗和點化一位平時看來很不錯的助手。於是，他把那位助手叫到病床前，意味深長地說：「我的蠟所剩不多了，得找另一根蠟接著點下去。你明白我的意思嗎？」

助手連忙答道：「明白。您的光輝思想得好好地傳承下去。」

「可是，」蘇格拉底慢悠悠地說，「我需要一位最優秀的傳承者。他要富有智慧，要具有非凡的勇氣和信心。你幫我尋找和發掘這樣的人吧！」

215

「好的，好的。我一定竭盡全力地尋找，絕不辜負您的栽培和信任。」助手溫順地說。

蘇格拉底笑了笑，沒說什麼。

那位忠誠而又勤奮的助手，不辭辛勞地到處尋找。可是，蘇格拉底都婉言謝絕了他找來的人。

最後，病入膏肓的蘇格拉底硬撐著坐起來，撫著助手的肩膀，說：「真辛苦你了！但是，你找來的人，怎麼能成為我的傳承者呢？」

「我一定加倍努力。」助手懇切地說，「哪怕找遍天涯海角，我也會找到那位最優秀的人，舉薦給您。」

蘇格拉底又是笑了笑，沒再說什麼。

半年之後，蘇格拉底眼看自己就要告別人世，然而尋找傳承者的事還沒有眉目，只好再把助手叫到自己的床邊。助手淚流滿面，沉重地說：「我真對不起您，令您失望了！」

「失望的是我，對不起的卻是你！」說到這裡，蘇格拉底就閉上眼睛。停頓許久，他又不無哀怨地說：「本來，最優秀的就是你。你不敢相信自己，才把自己忽略、耽誤、丟失了。你要知道，每個人都可以成為最優秀的人才。關鍵在於能否自己尊重自己、相信自己、推薦自己……」話沒說完，一代哲人蘇格拉底就永遠地離開了他深切關注的世界……

這位助手就是柏拉圖。

相信自己，尊重自己，在這個世界上，身為獨立的個體，每個人都有自己的行為準則，都可以按照自己的意願去選擇生存的方式，去維護人格，發展個性。所以，請端正思想，鼓起勇氣，尊重自我吧！如此，你必將在人際關係上開拓新的局面，在人生理想中達到新的高度。

充實自我

　　與人交往，你必須先把自己填滿，否則你沒有東西給別人，別人自然就不會對你感興趣，你的人際關係就會很糟糕。

—— 朗達‧拜恩

　　吸引力法則認為，建立良好的人際關係，需要先進行自我充實。

　　深諳這個祕密的人際關係學家約翰博士說：「在人際交往中，你要盡量讓自己成為解決問題的那個人。不要總是挖空心思地苦想，我能從他們那裡得到什麼。這樣的被動意識，只會使你陷入愈加貧乏的境地。你要多花費一些時間和精力，將自己填滿，直到達到飽滿充足的程度，然後你就會樂意去給予。由此，你的人際關係便會自然而然地變好。」

　　「將自己填滿」，的確對人際關係的建立和改善大有裨益。

　　比如愛，如果你想在人際交往中得到別人的愛，首先就要用愛充實自己，直到心靈完全被愛充盈，然後你就可以去給予。別人得到你給予的愛，也會將他們的愛回饋給你，讓你吸引到更多的愛。從充實愛到給予愛，再到吸引愛，這就是關於愛的吸引力的實現過程。

　　充實自我不僅僅是充實愛，它包括很多方面。從大的方面來說，主要包括精神和物質兩個方面。吸引力法則以思想意識為主導，充實自我也應以精神充實為主要內容。

　　古阿拉伯學者阿布林‧法拉治說：「缺乏智慧的靈魂是僵死的靈魂。若以學問來加以充實，它就能恢復生氣，猶如雨水澆灌荒蕪的土地一樣。」智慧是永無止境的，在它面前，人總顯得那麼匱乏和空虛。

　　從前有一個小和尚，他離開家鄉到處尋找名師，想得到真正的修為。後來，他終於找到一位高僧，懇求高僧收他為弟子。高僧見他一片誠心，又天資聰慧，便收下了他。

　　兩年後，小和尚自以為學到很多東西，得到師父的真傳，便不想再繼續跟著師父參禪拜佛了，於是就向師父辭行，要下山去。

　　高僧明白小和尚的心思，他並沒有阻攔小和尚下山，而是要小和尚拿來一個缽子，然後要他往裡面裝一些石頭，裝滿為止。

　　高僧問小和尚：「缽子裝滿了嗎？」小和尚答：「滿了，再也裝不下什麼東西了。」高僧便抓了一把芝麻撒進去，然後晃了晃缽子，芝麻一會兒就不見了，接著高僧又抓起一把芝麻撒進去，晃了晃缽子，芝麻又不見了。

　　「缽子裝滿了嗎？」高僧再次問小和尚。小和尚慚愧地告訴師父：「看起來滿了，可是還能裝下很多東西。」

　　這時，高僧又拿來一個杯子，要小和尚往裡面倒水。小和尚看杯子滿了，就想停止倒水。

　　高僧卻說：「不要停，繼續倒。」結果杯子倒滿了水後，多餘的水都溢了出來。高僧這時候才要小和尚停止倒水，然後問他：「滿了還裝得下別的東西嗎？」

　　小和尚明白了師父的一片苦心，請求師父原諒他的無知。

　　人自出生的第一天，就開始了學習的過程。我們模仿父母的語言，學會了說話；我們進學校讀書，學到了知識；我們在社會上奔走，學會了友善待人。我們周圍的事物都能夠給與我們很好的啟迪。

　　學問淵博的人，能在生活中時時迸發出智慧的火光，進而照亮自己，引導別人。所以，只要我們還存在於這個世界上，就不應自滿，就要不斷地學習，不斷地充實自己。

永遠不要抱怨

很多人都習慣抱怨他人，比如，「我老婆一直在耳邊喋喋不休」，「鄰居的小孩總是那麼淘氣」，「公司同事一天比一天懶惰」……等，他們總是把問題的焦點放在別人身上。其實，抱怨是於事無補的，它只會吸引到更多使你抱怨的事物。

—— 瑪爾絲・西墨夫

（作家、潛能研究專家）

抱怨，即對人或事感到不滿、對環境感到不適，而進行的責怪、埋怨或牢騷。

抱怨是人際關係的病毒，它會侵入我們的頭腦，破壞友善的細胞，蒙蔽寬容的視聽，讓我們在吹毛求疵的交往中，失去我們應得到的友善。

卡內基說：「在地獄裡，魔鬼為了破壞人們之間的友愛，創造一些惡毒的辦法，抱怨是其中最厲害的。它永遠不會失敗，就像眼鏡蛇咬人一樣，總是具有破壞性，總是置人於死地。」所以，請不要抱怨。

透過吸引力法則，你應該意識到，即使你現在人際關係糟糕透頂，與人相處極其不順，甚至老是遭受別人的批評指責，你也可以扭轉這個局面。

首先，在思想上改變自己關注的焦點，把注意力放在對他人的欣賞上，而不是抱怨。然後，你可以拿一張白紙，將他人的優點、或你欣賞他們的地方，一一寫下來。當你持續注意這些美好的東西時，你會發現更多值得你欣賞的東西，抱怨在這時就會漸漸消失。

生活中的確會有很多容易使人抱怨的事情，但這些事情並不是使你抱怨的決定性因素，它們只是引發你生氣的一個導火線。你的抱怨是由於不願接受或承擔本來屬於你的責任，而去找藉口引起的。

當抱怨充斥腦袋時，你便會覺得世道那麼不公，為什麼上天眷顧每個人，但偏偏忘記你。你怨天尤人、牢騷滿腹，難以控制自己的情緒，於是你焦慮、憤怒，隨之沒有了職業道德，也缺少了責任心，離你當初的理想目標更遠了 —— 如此周而復始，你只會越走越遠。

一位氣憤的婦人找到上帝，大聲嚷嚷道：「我的日子簡直無法過了！」

上帝微笑著問她：「妳怎麼了？有什麼苦惱不妨說出來吧！」

那位氣憤的婦人便一五一十地把所有令她氣憤和不快樂的事講了出來，她說她的婆婆如何讓她生氣；說她的丈夫對她如何冷淡；她的孩子對她如何不聽話；還說她的鄰居如何想方設法占她家的便宜。婦人喋喋不休地訴說著，好像她說出的每一件事，都足以構成她不快樂或者氣憤的理由。

上帝微笑地看著這位說個不停的婦人，眼中充滿了愛。

「難道妳沒有經歷過這些嗎？」在那位婦人終於停止她的訴說後，上帝含笑地問她。

「有一次妳生病了，妳的婆婆親手做了一碗麵，端到妳的面前；每次妳過生日的時侯，妳的丈夫都會深情地注視妳，並會燒一桌妳最愛吃的菜；妳的孩子在小的時侯，也曾經不止一次靠在妳的耳邊說他們愛妳；還有妳的鄰居，有多少次在妳們家有困難時，向妳伸出援助之手。難道這些妳都沒有經歷過嗎？難道這些還不足以讓妳感到快樂嗎？」

婦人想了想，覺得這些自己確實都經歷過。「可是……可是……可是他們也都曾經那樣惡劣地對待過我呀！」

上帝又笑了。「是的。」上帝說。

「每個人心中都會有不善的一面，但也都有善的一面。妳為什麼總是念念不忘別人的不善，而容易忘記別人的善呢？如果妳能常常想起別人對妳的好，妳的生活不就會快樂多了嗎？」

那婦人好像被砸到腳一樣，跳了起來。大聲的叫：「這怎麼行？這怎麼行？他們那樣對我，我怎麼能忘得掉？這怎麼行？這怎麼行？」婦人像一頭憤怒的母獅，跳個不停。

上帝仍然微笑著，但卻在搖頭。祂已準備離開了。

「一個人如果總想著別人對自己的壞，那他的煩惱就來了；一個人如果總想著別人對自己的好，那他的快樂就趕不走了。我也沒有辦法能讓妳快樂起來，所以妳只好留在妳的苦惱中了。」

說完，上帝就隱身了，只留下那位氣憤的婦人低頭沉思。

婦人的故事告訴我們，想改善人際關係，要先從改變自己做起，不要抱怨別人。

抱怨別人不但於事無補，而且會帶給你更多讓你抱怨的狀況。即使你在聆聽別人的抱怨，並把注意力的焦點放在上面，也會逐漸被抱怨的情緒主導，陷入人際關係的窘境。因此，凡事都應更加了解和體會他人的感受，不斷修正與他人的關係，盡量少些衝突，多些合作；少些抱怨，多些欣賞。

主動讚美別人

飛鳥、清風、海浪，自然界的萬物不都在用美妙動聽的歌聲讚美造物主嗎？我也要用同樣的歌聲讚美祂的兒女。從今以後，我要讚美他人，這將改變我的生活。

—— 奧格·曼迪諾

（Og Mandino，企業家、作家、演說家）

讚美別人，是我們在日常溝通中經常碰到的情況。要建立良好的人際關係，恰當地讚美別人是必不可少的。

吸引力法則專家麗莎・尼可斯就有深刻的體會：「在好幾次交際活動中，我都有一種前所未有的感覺：期待我的伴侶能稱讚我的美麗。因為不管我打扮得如何漂亮，自己永遠也無法看見。」

事實上，每個人都希望自己得到別人的讚美。一旦別人讚美我們，我們就會覺得對方是知己，自己的人生價值得到承認。我們會為此而快樂和振奮。於是，我們也願意付出我們所擁有的東西，樂意把事情做得更好。

在這個過程中，我們受到他人讚美之後作出的反應和回饋，就是吸引力帶來的效果。讚美的話語會擴大、釋放或以任何方式輻射能量，吸引一切積極的因素。透過讚揚，可以把一個怯懦者變成堅強者；把一顆恐怖的心靈改造成和平而自信的心靈。可以使極度神經衰弱者恢復平衡和力量；使即將倒閉的企業重獲成功；使不滿和抱怨變成滿足和支持。

戴爾・卡內基就講述了一個關於讚美的故事：

大約 4 年前，我認識了沃特・黑利，一位來自達拉斯，成功的、精力充沛的人。我們的相識令我終生難忘，因為我和沃特很快就建立起極其融洽的關係。

在一次短暫的拜訪之後，他帶我去參觀他的一項與眾不同的投資項目。他當時在做保險生意，有一個新的設想，就是向全國成千上萬的獨立食品雜貨商們批售保險，他以食品雜貨倉庫作為他發展事業的基地。

有一次去參觀一個巨大的倉庫。進去後，他停在一個接線生面前，說：「我想告訴你，你做的工作多麼了不起，因為你讓人們打電話時心情愉悅。」這個接線生很開心地笑著說：「謝謝你，黑利先生，那正是我盡力做的。」接著，我們走進辦公區。當走過一個部門時，黑利先生對我說：「齊格，我們進去一下，我想讓你認識一個人。」他走進辦公室，向裡面的主管做了自我介紹，然後說：「雖然以前我們沒有見過面，但是我知道你的這個部門。我只是想讓你知道我對這裡發生的一切都很了解，自

從你接管這個部門以來，我們沒聽過顧客的一句抱怨，這是你的功勞。」這個主管聽後露齒而笑，說：「噢！謝謝你，黑利先生，我要盡我最大的努力來做好我的事。」

走上樓，剛要走進裡面的辦公室，他突然停下來說：「齊格，我想介紹你認識坐在桌子後面的那位最偉大的祕書。」然後他走到祕書面前說：「我想我從來沒有告訴你這件事，就是我妻子認為是你把月亮掛上了天空，並相信你能隨時把它摘下來，因此我請求您不要這樣做。」祕書微笑著說：「我很高興聽您這麼說。」接著我們走進保險業務辦公室，他說：「齊格，來和這位最優秀的保險工作者握握手，他是這個行業中的佼佼者，因為他是那樣勤奮，不辭勞苦。」

這整個過程不超過 3 分鐘，但沃特・黑利卻讓每個人都將以高水準的工作標準來要求自己。

卡內基認為，黑利給予職員的是真誠的稱讚，得到的是他們對工作、對公司的滿腔熱情，在這種態度的激勵下，員工的工作效率必會越來越高。由此可見，只要你願意去鼓勵別人，他們的表現就會越來越好，你得到的報償就會越來越多。

總之，讚美他人，會積極地影響他人，溝通自己與他人的感情。特別是當你與他人產生隔閡時，關心對方，注意和肯定他人的長處，是消除這種隔閡最有效的方式。另外，對自己不太親近的人，恰到好處地給予讚美，也會使雙方增加親近感，建立更進一步的人際關係。

不要過於謙讓

出於發揚謙讓的特質，很多人自小就被灌輸一種意識 —— 將自己放在最後一位。這種外界意識干預，使他們只能吸引一些認為自己沒有價值、不值得的感覺。而且，只要這些感覺繼續存在，他們就會吸引更多讓自己感覺沒有價值的人生境況。所以，必須改變這種思想意識。

—— 朗達‧拜恩

美國社會心理學家愛舒爾茲認為，以人際關係中各自不同的表現來劃分，人主要有三種類型：

1. 謙讓型。特徵是「朝向他人」，無論遇見何人，總是想到「他怎麼想的？」
2. 進取型。特徵是「比他更優秀」，無論遇到何人，總是想知道其力量的大小。
3. 分離型。特徵是「疏離他人」，無論遇到何人，總是想保持一定的距離，以避免他人對自己的干擾。

三種類型中，謙讓歷來被人們認為是一種美德，一種人際關係的潤滑劑。但在吸引力法則看來，這並不完全正確。

吸引力法則中，謙讓意味著自己處於最後的位置，在這種處境下，吸引來的會是與之相對應的、沒有價值的、不值得的感覺。謙讓從一開始，就要自己做好自我犧牲的心理準備，直至謙讓形成既定事實，都是一種負面的思想在發揮主導作用，這樣的思考方式，是與吸引力法則相違背的。

一家公司向社會招聘銷售人員，應徵者很多，但招聘單位只需要一個。

在應徵者搶占座位作準備時，一個女士卻幾次主動讓座，讓別人先面試。到她面試時，面試官對她的條件雖較為滿意，但認為她過於謙讓，不適合到銷售部工作。

　　面試官認為，謙讓的確是一種美德，但面對激烈的市場競爭，公司更需要「銳意進取」的員工。

　　由此可見，謙讓並不是一味的讓，而是有原則的謙讓。孟德斯鳩說過，「美德本身需要限制」。沒有原則的謙讓，是一種懦弱。在競爭面前的謙讓，是一種逃避；在危險面前的謙讓，是一種退縮；在榮譽面前的謙讓，是對勝利的不尊重。一味地強調謙讓行為，而不辨別謙讓的原因，更是一種不明智的行為。

　　有一對好朋友，一個叫謙讓，一個叫貪欲。

　　他們約好一起到天堂，他們帶的乾糧基本上都夠他們路上吃。

　　但是為了展現無私的友愛精神，他們在路上一直謙虛地你推我讓。由於他們讓來讓去，時間耽誤了一半。這樣讓下去也不是辦法，而且浪費時間，貪欲開始想，既然你不要，我要。於是他吃了謙讓的東西。

　　後來的路上，出現了奇怪的事情。貪欲吃了謙讓的東西以後，覺得胃口大開，吃了還想再吃，而謙讓對貪欲總是有求必應。

　　最後幾里路，他們都有些走不動了。謙讓餓得走不動，貪欲卻是因為吃得太飽而走不動。天黑以前，他們終於到達了天堂。

　　在他們想進入天堂大門的時候，他們被攔住了。

　　貪欲問：「為什麼不讓我們進去？」

　　天使說：「因為你太貪，把朋友的東西都吃了。」

　　貪欲說：「但那都是他給我的呀！」

　　天使說：「不到萬不得已，不要接受別人的幫助，哪怕人家主動給你，哪怕人家心甘情願，你也不能接受。你連這點道理都不明白，還想進天堂？」

　　謙讓問：「那為什麼不讓我進？要知道，為了讓貪欲吃飽，我都快餓死了呀！」

天使說：「如果貪欲進天堂的可能性有萬分之一，那麼你進天堂的可能性，連十萬分之一都不到。」

謙讓大惑不解。

天使說：「把自己餓成這個樣子，絕不是美德。貪欲起碼還是個真實的人，然而你卻虛偽至極，明明自己餓了，卻還要裝出樂善好施的樣子來。我看你是把天堂當成劇場，把上帝當成觀眾了。」

過於謙讓，並不能與他人建立良好的人際關係，反而會讓他人覺得享用你的謙讓是理所當然的，久而久之，你就會永遠處於一種謙讓、犧牲的負面狀態，吸引力法則的一切積極主動、進取爭先、不甘落後的因素，都與你無關。

所以，謙讓應是有原則、有限度的謙讓，而不是盲目的、一味的過度謙讓。

名人連結 ── 卡內基　　　　　◇

戴爾・卡內基，國際知名心理學家和人際關係學家。其開創的「人際關係訓練班」遍布世界各地。他以超人的智慧、嚴謹的思維，在道德、精神和行為準則上，給萬千人指導、安慰、鼓舞，讓人們從中汲取力量，從而改變生活，開創嶄新的人生。他教人們如何去思考，去交際，去變得有魅力、有吸引力，去吸引自己想要的一切。

卡內基，1880 年 11 月 24 日出生於美國密蘇里州馬利維附近的一個小市鎮。父親經營一個小小的農場。

由於家裡經濟條件有限，卡內基從小就營養不良、非常瘦小，與頭部很不相稱的耳朵，看起來總顯得格外的大。上學後，他那雙又寬又大的耳朵，經常成為同學們嘲弄的對象。

有一次，班上一名叫懷特的大男孩與卡內基發生爭吵，卡內基說了幾句很刻薄的話，懷特被激怒了，便恐嚇道：「總有一天，我要剪掉你那雙討厭的大耳朵！」他嚇壞了，幾個晚上都不敢睡覺，害怕自己進入夢鄉後，會被懷特剪掉耳朵。

卡內基成名以後，仍然沒有忘記懷特，他從此事歸納出一番人生哲理：「希望別人對你友善，希望與同事和睦相處，處理好上下級關係，就絕不能去觸碰別人心靈的傷疤。」

卡內基的母親曾是位鄉村教師，很有教養。母親的樂觀、堅強，對卡內基產生了重要的影響。一次大水災，洪水沖出河堤，把農場的所有農作物沖得不見蹤影。父親絕望地喊道：「上帝，您為什麼老是和我過不去？

我什麼時候才能走出困境！」而母親卻十分鎮靜，她哼唱著歌，將家園重新收拾好。母親對卡內基寄予厚望，一直鼓勵他好好讀書，希望他將來成為一名傳教士，或當老師。

1904 年，卡內基高中畢業後，就讀於密蘇里州沃倫斯堡州立師範學院。學院辯論會及演說賽非常吸引人，優勝者的名字不但廣為人知，而且還被視為學院的英雄人物。卡內基認為，這是一個成名和成功的最好機會。

但他沒有演說的天賦，參加了 12 次比賽，屢戰屢敗。直至 1906 年，他才以一篇題為〈童年的記憶〉的演說，獲得了勒伯第青年演說家獎。這是卡內基第一次成功的嘗試，這份講稿至今還存在沃倫斯堡州立師範學院的校誌裡。

這次獲勝，對卡內基的一生產生了決定性的影響。他在後來的回憶中，不無自豪地說：「我雖然經歷了 12 次失敗，但最後還是贏得了辯論比賽。更為激勵我的是，我訓練出來的男學生，贏得了公眾演說賽；女學生也獲得朗讀比賽的冠軍。從那一天起，我就知道我該走怎樣的路了……」

1908 年，入院兩年後的卡內基，便成為全院的風雲人物，在各種場合的演講賽中大出風頭。全院的師生對他刮目相看，但卡內基並不滿足於此，他開始走出學院，去擴大自己演講的影響。

終於，1912 年，卡內基在紐約開辦了他的第一期公共演講課。從那時起，卡內基課程 —— 一項偉大的事業 —— 誕生了。這項事業的意義，不僅使卡內基享譽全球，還為他帶來豐厚的收益；它的偉大之處，在於它指導、甚至拯救了數以千萬的聽眾和讀者的人生。沒有明確的數字可以統計出，究竟有多少人是卡內基課程的受益者，但是他的著作，從第一次出版以來，始終傲居暢銷圖書榜榜首。

卡內基還計劃在成人夜校講授公開演講課。根據他切身的體會，透過

學習公共演講，可以掃除性格中的怯懦和沒自信，增加與人交往的勇氣和
信心。他也意識到，當領導者的必備素養，是能夠站出來，說出自己的想
法。如今，卡內基開創的「人際關係訓練班」遍布世界各地。

　　1955 年 11 月 1 日，卡內基因病去世，享年 67 歲。

先不談怎麼努力，來談談怎麼「許願」！

只要你「想」，就可以得到所有你渴望的東西？不是只教你做白日夢，這是一本可以讓任何鹹魚翻身的書！

編　　著：劉燁，溫亞凡

發 行 人：黃振庭

出 版 者：崧燁文化事業有限公司

發 行 者：崧燁文化事業有限公司

E-mail：sonbookservice@gmail.com

粉 絲 頁：https://www.facebook.com/
　　　　　sonbookss/

網　　址：https://sonbook.net/

地　　址：台北市中正區重慶南路一段六十一號八
　　　　　樓 815 室

Rm. 815, 8F., No.61, Sec. 1, Chongqing S. Rd.,
Zhongzheng Dist., Taipei City 100, Taiwan

電　　話：(02)2370-3310

傳　　真：(02)2388-1990

印　　刷：京峯數位服務有限公司

律師顧問：廣華律師事務所 張珮琦律師

定　　價：299 元

發行日期：2023 年 11 月第一版

◎本書以 POD 印製

國家圖書館出版品預行編目資料

先不談怎麼努力，來談談怎麼「許
願」！只要你「想」，就可以得到所
有你渴望的東西？不是只教你做白
日夢，這是一本可以讓任何鹹魚翻
身的書！ / 劉燁，溫亞凡 編著 . --
第一版 . -- 臺北市：崧燁文化事業
有限公司 , 2023.11
面； 公分
POD 版
ISBN 978-626-357-720-6(平裝)
1.CST: 成功法
177.2　　112016017

電子書購買

臉書

爽讀 APP